Kiper/Mischke · Einführung in die Allgemeine Didaktik

Die Reihe »Beltz Studium« wird herausgegeben
von Jürgen Oelkers und Klaus Hurrelmann.

Hanna Kiper / Wolfgang Mischke

Einführung in die Allgemeine Didaktik

Beltz Verlag · Weinheim und Basel

Hanna Kiper, Dr. phil. habil., Jg. 1954, ist Professorin für Schulpädagogik mit dem Schwerpunkt »Theorie und Praxis der Sekundarbereiche I und II« an der Carl von Ossietzky Universität Oldenburg.

Wolfgang Mischke, Dr. phil., Jg. 1946, Dipl.-Psychologe, ist Akademischer Direktor an der Carl von Ossietzky Universität Oldenburg.

Lektorat: Peter E. Kalb

www.beltz.de
Herstellung: Lore Amann
Satz: Druckhaus »Thomas Müntzer«, Bad Langensalza
Druck: Druckhaus Beltz, Hemsbach
Umschlaggestaltung: Federico Luci, Köln
Umschlagabbildung: picture press, Hamburg
Printed in Germany

ISBN 3-407-25356-7

Inhaltsverzeichnis

Einführung

Unsere »Einführung in die Allgemeine Didaktik« setzt sich zum Ziel, Ihnen als Studierende, Referendarinnen und Referendare und Lehrkräfte einen Überblick über die didaktische Diskussion zu geben. Dabei geht es uns nicht darum, sämtliche Überlegungen zur Didaktik vorzustellen (vgl. Kron 1994; von Martial 1996). Uns geht es darum, ein Verständnis der Allgemeinen Didaktik als Theorie des Lehrens und Lernens zu entfalten und einen kleinen Beitrag zur Weiterentwicklung des didaktischen Denkens zu leisten.

Unsere Sichtung der didaktischen Modelle und Theorien zeigt eine mangelnde Berücksichtigung der Entwicklungstatsache und der Prozesse der Sozialisation von Kindern und Jugendlichen, oftmals eine Nichtberücksichtigung der institutionellen Rahmenbedingungen (Schulformen und ihre Bildungsgänge) und die mit ihnen verbundenen Einschränkungen bezogen auf Zielsetzungen für Lehren und Lernen, einen mangelnden Bezug auf den Bildungskanon resp. das Curriculum. Wir verorten daher die Allgemeine Didaktik in einem Kontext, der bestimmt ist vom Prozess der Sozialisation und Entwicklung von Kindern und Jugendlichen in dafür eingerichteten Institutionen (hier: Schulen) mit ihren konkreten Gestalten (Grundschule, Schulformen im Sekundarbereich I, Gymnasiale Oberstufe). Wir greifen zurück auf den Bildungskanon oder das Curriculum, weil über das Tradieren der kulturellen Bestände einer Gesellschaft von einer Generation zu nächsten ebenso nachzudenken ist wie über die Anordnung der Inhalte, will man den kumulativen Aufbau von Wissensbeständen befördern.

Es geht uns um die Frage, wie institutionell verantwortete Lernprozesse der Kinder und Jugendlichen durch Unterricht anzulegen und zu optimieren sind. Dafür ist eine angemessene didaktische Theorie unerlässlich.

Wir führen ein in ausgewählte didaktische Modelle, nicht allein in der Absicht, Ihnen das jeweilige Verständnis von Unterricht, das ihnen eingeschrieben ist, zu erschließen, sondern um Sie mit grundlegenden Kategorien zur Erfassung von Lehr-Lernprozessen im Rahmen institutionell organisierten Unterrichts vertraut zu machen.

Auf der Basis eines ersten Überblicks in den ersten drei Kapiteln nehmen wir eine Vertiefung ausgewählter Fragestellungen vor. Dabei geht es uns – in wissenschaftstheoretischer Perspektive – um die Frage angemessener didaktischer Theoriebildung und um das Verhältnis von Theorie, Anwendung und Praxis. Wir sind der Überzeugung, dass eine gute Theorie das Handeln von Lehrkräften optimieren kann. Auch wenn wir das Technologiedefizit in der Pädagogik reflektieren, scheint uns doch ein Denken in dieser Perspektive besser geeignet, eine erfahrungsorientierte und auf Verbesserung angelegte Einstellung zu gewinnen.

Wir gehen auf Wissen und Können als individuelle und soziale Konstruktion ein.

Im Mittelpunkt dieser Einführung steht die Vorstellung der integrativen Didaktik in Form einer Begriffslandkarte und einer Erörterung ihrer Teilaspekte.

Wir reflektieren, wie die Planung von Unterricht auf der Grundlage unserer Überlegungen optimiert werden kann.

Das nächste Kapitel stellt Basismodelle des Lernens vor in der Absicht, die Wahl von Methoden und das Nachdenken über sinnvolle Lehr-Lernarrangements auf der Grundlage des Nachdenkens über anzulegende Lernprozesse zu befördern.

Dann gehen wir auf die institutionellen und gruppendynamischen Aspekte des Lernens ein, die eine Lehrkraft beim Leiten einer Schulklasse bedenken muss.

Wir meinen, dass die Allgemeine Didaktik die Ergebnisse fachdidaktischer Diskussionen und Forschung aufzunehmen und produktiv zu wenden hat. Sie muss sich ebenfalls an die Erfahrungen der Lehrerinnen und Lehrer binden und Rückkoppelungsprozesse ermöglichen, um deren Erfahrungen fruchtbar werden zu lassen. Sie hat ihre Aussagen – durch die Ergebnisse empirischer Schul- und Unterrichtsforschung – zu überprüfen und zu korrigieren.

Unserer Einführung in die Allgemeine Didaktik liegt die Überzeugung zugrunde, dass es nicht reicht, Schülerinnen und Schüler an ihren subjektiven Theorien festhalten zu lassen oder sie nur interessengeleitet das lernen zu lassen, was ihnen gerade Spaß macht. Wir gehen davon aus, dass es die Aufgabe des Unterrichts ist, Schülerinnen und Schüler dabei zu unterstützen, sich möglichst effektiv und gut angeleitet die Wissensbestände der Gesellschaft anzueignen mit dem Ziel, sich des eigenen Verstandes zu bedienen und dafür Mut zu entwickeln.

Oldenburg *Hanna Kiper/Wolfgang Mischke*

Was ist Didaktik?

Unter Didaktik wurde lange Zeit die »Lehrkunst« oder die Lehre vom Unterricht und der Unterweisung verstanden. Heute fassen wir darunter die »Theorie des Lehrens und Lernens«.

Didaktik kann darauf zielen, einem einzelnen Lernenden Hilfestellung dabei zu geben, den eigenständigen Lernprozess in Form von Selbststudien zu organisieren. Dann wird Lernen zu einem Suchprozess, der autodidaktisch und oftmals auch selbstreguliert erfolgt. In der Regel konzentriert sich aber Didaktik auf Fragen des geplanten, langfristig angelegten und systematischen Lernens in Institutionen. Daher entfaltete sich diese Disziplin im Kontext der Herausbildung und Begründung von Formen organisierter Unterweisung in eigenen Institutionen (Schulen, Universitäten, Einrichtungen der Fort- und Weiterbildung). Mit der Herausbildung von Schul- und Bildungsinstitutionen nahm die Didaktik einen gewissen Aufschwung. Sie wurde zur Berufswissenschaft der Lehrkräfte (erst als Hauslehrer/innen, dann als Lehrer/innen in Schulen) und entfaltete sich entsprechend der Ausdifferenzierung des Schul- und Bildungswesens und des Berufsstandes. So finden wir inzwischen Überlegungen zum Erziehen und Unterrichten im Elementarbereich, zum Lehren und Lernen in Schulen unter Berücksichtigung verschiedener Schulstufen (Stufendidaktik) und Schulformen (Pädagogik und Didaktik der Hauptschule oder des Gymnasiums) und eine Didaktik im Blick auf verschiedene Lerngruppen.

Die Didaktik erörtert, welche Rolle das Wissen in einer jeweiligen Gesellschaft spielt, ob in bestimmten abgeschlossenen Phasen oder lebensbegleitend gelernt werden soll und *wer* als Lernender angesprochen wird. Sie fragt danach, *wie* das Lernen von *ausgewählten* Zielgruppen (Erwachsene, Jugendliche, Kinder) optimiert werden kann und erörtert die Frage, ob es besonders geeignete Phasen des Lernens im Leben gibt. Somit bezieht sie sich auf Entwicklungs- und Lerntheorien (vgl. Oerter/Montada 2002).

Sie fragt danach, *was* gewusst und gekonnt und *warum* und *wozu* es gelernt werden soll und wirft damit die Fragen nach übergeordneten Leitideen des Unterrichts (z.B. Bildung, Qualifikation, Kompetenz, Berufsfähigkeit, Studierfähigkeit) auf.

Sie fragt nach Stoffplänen oder Curricula, die festlegen, in welcher Reihenfolge, wie aufeinander aufbauend und in welchen Zeiteinheiten Wissen und Können angeeignet werden und auf welchem Niveau etwas gewusst und gekonnt werden soll.

Didaktik beschäftigt sich mit der Frage, *in welchen organisatorischen Kontexten*, ob *allein* oder *in Gruppen* und *in welchen* gelernt werden soll. Dabei wird diskutiert, inwiefern und wie homogene oder heterogene Lerngruppen den Lernprozess beeinflussen (vgl. Kiper 2002).

Ebenfalls wird diskutiert, durch welche Methoden und *Lernarrangements* Unterweisung (Instruktion) oder eigenständig angelegte Lernprozesse optimiert werden können. Dabei spielt die Konzeption, Entwicklung und Auswahl geeigneter *Lehr- und Lernmittel* (Schulbücher, Arbeitsblätter, Lernsoftware, Lernplattformen) und sinnvolle Aufgabenstellungen eine bedeutsame Rolle.

Wir erleben eine Neuorientierung der didaktischen Diskussion insofern, als stärker danach gefragt wird, wie durch Unterricht Lernprozesse ermöglicht werden können, gerade schwache Schülerinnen und Schüler im Lernen angemessen begleitet, unterstützt und gefördert und wie ihre Lernprozesse im Verlauf so beobachtet werden können, dass – durch angemessene Prozesse der Instruktion im Unterricht und durch geeignete Lehr- und Lernarrangements – Hilfestellung gegeben werden kann. Didaktisches Denken wird zunehmend ein Nachdenken über die Förderung von Lernprozessen, auch mit dem Ziel, das Scheitern von Kindern und Jugendlichen in unserem System zu verhindern und sie bestmöglichst zu fördern.

Zum didaktischen Denken

In diesem Kapitel möchten wir in Diskussionen über das Lehren und Lernen einführen. Dazu gehen wir auf die Geschichte des didaktischen Denkens ein und skizzieren, dass und wie die Herausbildung des didaktischen Denkens als Denken einer Profession, nämlich der Universitätslehrer, Schullehrer und Pfarrer, im Kontext gesellschaftlicher Entwicklungen erfolgte. Da heutige Kontroversen auch historische Vorläufer haben, gehen wir ein auf die Überlegungen der Herbartianer im 19. Jahrhundert und die der Reformpädagogen zu Beginn des 20. Jahrhunderts, prägten sich doch schon in diesen Debatten Denkfiguren aus, die noch heute mitschwingen. Wir stellen verschiedene Theorien und Modelle der Didaktik vor und führen ein in gegenwärtige Kontroversen.

Zur Geschichte des didaktischen Denkens

Wenn wir zurückgehen zu den Anfängen des didaktischen Denkens in der Neuzeit, so war dieses zunächst Teil der ideal angelegten Entwürfe für die Gesellschaft und ihre Entwicklung. Die Forderung nach der Gründung von Schulen und nach dem Bereitstellen von Unterricht für alle und nicht nur für die begüterten Kinder wurde gestellt. Diese Ideen waren mit einem Nachdenken darüber verbunden, wie man Unterricht optimal organisieren könne.

Im 16. und 17. Jahrhundert zielte das Reformdenken darauf, die Unterweisung der Menschen dadurch zu vereinfachen, dass sie nicht mehr in lateinischer Sprache, also in der Sprache der Gebildeten im gesamten Europa geschehe, sondern in der Sprache des Landes. Darüber hinaus wurde erörtert, welche Inhalte angeboten und wer für den Schulbesuch gewonnen werden sollte. Es wurden Prinzipien für die Unterweisung formuliert.

Wolfgang Ratke (1571–1635) formulierte Unterrichtsprinzipien, die auf Konzentration, Wiederholung, Lernen ohne Zwang und Erfahrungsorientierung zielten. Er betonte die Notwendigkeit, alle Kinder zur Schule anzuhalten und forderte eine Übereinstimmung von Schulzucht und Hauszucht (vgl. Ratke 1614/15, herausgegeben von Seiler 1967, 12ff.).

Johann Amos Comenius (1592–1670) plädierte dafür, die Jugend beiderlei Geschlechts, aus allen Ständen und aus allen Städten, Dörfern und Flecken zu bilden. Er forderte das Legen eines festen Grundes durch Unterricht und das Verknüpfen des Wissens und nannte als Unterrichtsprinzipien u.a. das Fortschreiten vom Allgemeinen zum Besonderen, vom Leichten zum Schweren und das langsame Vorgehen, Wiedergeben und Üben. Er dachte über die Auswahl nützlicher Lehrstoffe nach (vgl. Comenius 1985, 97f.; 108). Bei Comenius finden wir die Idee, die Unterweisung des Einzelnen abzulösen durch das Unterweisen großer Gruppen (1985, 123). Der Autor hatte die Idee, in allen Klassen nur einen Stoff zur Zeit zu behandeln. Dazu sei es erstrebenswert, die Schulen nur einmal im Jahr beginnen zu lassen und sie so zu organisieren, dass jedes Jahr, jeder Monat, jede Woche, jeder Tag und jede Stunde ein eigenes Pensum habe, wodurch alle gleichzeitig zum Ziel geführt werden könnten (1985, 129). Er begriff die ersten 24 Jahre im Leben eines Menschen, die Zeit des körperlichen Wachstums, als Vorbereitungszeit für »die Aufgaben des Lebens« und unterteilte sie (immer in Schritten von sechs Jahren) in vier Stufen, nämlich Kindheit, Knabenalter, Jünglingszeit und beginnendes Mannesalter. Jeder dieser Stufen wies er eine besondere Schule zu. Er wünschte sich, dass eine Mutterschule in jedem Hause, eine Grundschule in jeder Gemeinde, jedem Dorf und jedem Flecken, ein Gymnasium in jeder Stadt und eine Universität in jedem Staat oder auch in jeder größeren Provinz zu treffen sei (1985, 186). Comenius forderte nicht nur die Schule für alle Kinder, sondern konzipierte die Jahrgangsklasse als Weg zur optimalen Organisation der Unterweisung.

Im 18. Jahrhundert finden wir im Kontext der Konstituierung von Nationalstaaten eine Vielzahl von Schulgründungen, entweder aus christlich-pietistischer Tradition (*August Hermann Francke* (1663–1727)) oder aus dem Gedanken der Aufklärung. Die deutschen Pädagogen der Aufklärung wie z.B. *Johann Bernhard Basedow* (1724–1790), *Joachim Heinrich Campe* (1746–1818), *Friedrich Eberhard von Rochow* (1734–1805), *Christian Gotthilf Salzmann* (1744–1811) und *Ernst Christian Trapp* (1745–1818) betätigten sich als Schulleiter, Lehrer, Lesebuch- und Kinderbuchautoren, Schriftsteller und Verlagsgründer. Sie entwickelten das didaktische Denken weiter und erörterten Lehrplanfragen. Sie setzten Akzente z.B. durch die stärkere Gewichtung von nützlichen Kenntnissen und Fertigkeiten (Spinnen, Weben, Färben, Gärtnern), durch die Bündelung schulisch relevanten Wissens in Schrift und Bild (vgl. die Veröffentlichung des Elementarwerkes von Basedow 1774), durch die Einführung von Lehr- und Arbeitsmitteln in den Unterricht und die Anlage von Sammlungen (Stein- und Pflanzensammlungen), den Einsatz von Landkarten, Globen, Buchstabiertafeln und durch die Erweiterung und Vervielfältigung der Lehrmethoden (Betonung der Bedeutung des Spiels) (vgl. Kron 1994, 67ff.).

Herbartianer und Reformpädagogen

Die Leistungen der Systematiker und Unterrichtsmethodiker des 19. Jahrhunderts wie *Johann Friedrich Herbart* (1776–1841), *Tuiskon Ziller* (1817–1882) und *Wilhelm Rein* (1847–1929) lagen in der Erkenntnis, dass »der Unterricht der gedanklichen Auseinandersetzung des einzelnen Menschen mit den Dingen und Symbolen seiner Welt folgen müsse; [...] dass der Unterricht als Prozess pädagogischer Planung, Durchführung, [...] und Auswertung den Prozess der geistigen Tätigkeit der Lernenden« zu simulieren habe, um »als künstliches Unterfangen die Schüler zum Lernen anzuregen« (Kron 1994, 73).

Herbart erörterte, wie das Interesse und der Gedankenkreis des Zöglings entfaltet werden könne (1983, 67). Dazu unterschied er Erkenntnis und Teilnahme. »Die Erkenntnis ahmt, was vorliegt, nach im Bilde; die Teilnahme versetzt sich in Empfindung anderer« (Herbart 1983, 77). Der Mensch komme zur Erkenntnis durch Erfahrung und zur Teilnahme durch Umgang. Unterricht habe Erkenntnis und Teilnahme zu entwickeln (vgl. Herbart 1983, 80ff.). Herbart ging davon aus, dass die beobachtbaren äußeren Tätigkeiten auch analoge innere Tätigkeiten hervorriefen und umgekehrt (Bildsamkeit). Ihm ging es darum, dass Schüler ihre Erfahrungen in den Unterricht einbringen und sie gleichzeitig auf ein neues Niveau der Erkenntnis gehoben würden. Herbarts Überlegungen zum Einzelunterricht oder zum Lernen in kleinen Gruppen (Hausunterricht) wurden von seinen Schülern auf den Unterricht in großen Schulklassen (Jahrgangsklassen) übertragen; dabei wurden die Stufen des Bildungsprozesses zu Stufen des Unterrichts. *Wilhelm Rein* (1847–1929) wies darauf hin, dass der Erzieher sowohl die Individualität des Zöglings als auch die Beschaffenheit des Stoffes zu berücksichtigen habe. Der Lehrplan werde zergliedert und in kleinere Ganze zerlegt (methodische Einheit), dann beginne – nach Aufstellung eines Unterrichtsziels – das Bearbeiten des Stoffes. Sei das Ziel gesteckt, könnten die Gedanken des Zöglings in Fluss gebracht werden, um klare Anschauungen hervorzurufen und deutliche Begriffe abzuleiten. Daher wurde den Stufen des Unterrichts große Aufmerksamkeit zugewandt.

»Die formalen Stufen bezeichnen den Weg, der bei Durcharbeitung eines Unterrichtsstoffes von begrenztem Umfange, d.i. einer Unterrichtseinheit zu durchlaufen ist, sofern der Stoff nicht bloß gedächtnismäßig angeeignet werden, sondern zugleich auch innerlich bildend wirken soll. Sie beruhen auf der psychologischen Lehre von der Entwicklung der Erkenntnis, welche zeigt, dass alle Erkenntnis ihre Grundlage in der Anschauung hat und von dieser erst zum Begriffe aufsteigt, dass Begriffe ohne Anschauungen leer und andrerseits Anschauungen ohne Begriffe blind, endlich aber Begriffe ohne mannigfache Anwendung tot und unfruchtbar sind. Gemäß diesem Gange in der Entwicklung der Erkenntnis sind in jeder Unterrichtseinheit drei Stufen zu unterscheiden: I. die Stufe der Anschauung, II. die Stufe der begrifflichen Fassung, III. die Stufe der Anwendung. Eine weitere psychologische Überlegung [...] führt dazu, die Stufe der Anschauung in zwei Unterstufen zu zerlegen, in die Analyse, welche die bereits vorhandenen Vorstellun-

gen, die zu dem neuen Stoffe in Beziehung stehen oder in ihm enthalten sind, weckt, klärt und ordnet, und die Synthese, welche durch Darbietung des Neuen das schon vorhandene Wissen ergänzt, berichtigt, erweitert und vertieft. Und ebenso hat die andere psychologische Erkenntnis, dass nicht jedes erworbene Wissen, sondern nur das geordnete und zusammenhängende in der rechten Weise funktioniert, dazu geführt, auch die Stufe des Begriffs in zwei Unterstufen zu zerlegen, in die Assoziation, welcher die Bildung der Begriffe obliegt, und das System, welches das erworbene begriffliche Wissen ordnet und mit dem zusammengehörigen nach dem Vorbilde der Wissenschaft verbindet, sodass mit Berücksichtigung dieser zweifachen Gliederung fünf formale Stufen unterschieden werden können. […]: Vorbereitung, Darbietung, Verknüpfung, Ordnung, Anwendung.« (Just (1904) 1979, 192f.)

Karl Just stellte dar, dass »an die Spitze jeder Unterrichtseinheit« ein möglich konkretes und für den Schüler fassbares Ziel zu stellen sei. Neben diesem sachlichen oder Anschauungsziel seien fachliche Ziele zu formulieren.

Wenn Sie die Gedanken Justs lesen, erscheinen diese zunächst modern; das liegt vermutlich daran, dass Sie die psychologischen Kategorien auf dem Hintergrund Ihres augenblicklichen psychologischen Alltagswissens deuten. Auf diese Weise gewinnt man den Eindruck, dass sich im didaktischen Denken kein Fortschritt zeigt, sondern man schon zu Beginn des 20. Jahrhunderts Entscheidendes wusste. Bei einer derartigen Rezeption des Zitats würde man übersehen, dass es im Kontext des psychologischen Denkens zu Beginn des 20. Jahrhunderts gelesen werden muss. In den Anfangstagen der psychologischen Forschung (Gründung des ersten psychologischen Labors 1879 in Leipzig durch W. Wundt) war das Denken über Assoziation, Begriffsbildung und die Struktur von Wissen noch weitgehend an den philosophischen Konzeptionen Aristoteles orientiert. Eine mechanistische Konzeption des menschlichen Geistes herrschte vor. Daher wurde von den Herbartianern die Fragestellung, wie Unterricht den Erkenntnisprozess des Kindes organisieren könne, präzise formuliert; eine wirkliche Lösung hätte jedoch einer Psychologie bedurft, die es noch nicht gab. Erst heute sind wir einer Lösung näher. Als Anleitung zum Vorgehen waren Justs Überlegungen von einer gewissen Plausibilität ebenso wie die Fragestellungen, die *Otto Frick* in seiner Schrift: »Didaktischer Katechismus, betreffend den psychischen Lern- und Lehrprozess in dem erziehenden Unterricht und die Kunst des erziehenden Unterrichts« (1892), den Lehrkräften vorlegte:

»*A. betreffend den psychischen Lern- und Lehrprozess in dem erziehenden Unterricht (...)*

1. Welches *innere Verhältnis* hat der Schüler nach seiner Individualität und Bildungsstufe von vornherein zu dem Unterrichtsobjekt, und wie kann ich ein solches Verhältnis befestigen, oder wie habe ich es durch Erregung einer fruchtbaren *Erwartung* neu zu begründen?
2. Wo liegen in dem nächsten und näheren (*heimatlichen) Erfahrungskreise* des Schülers und in dem ihm bereits *heimisch vertrauten Anschauungs- und Vorstellungsmaterial* geeignete und fruchtbare Anknüpfungspunkte als Hilfen für die geistige Aneignung des darzubietenden Neuen (*Apperzeptionsstützen*)?
3. Wie kann ich, um die Anschauung des Schülers zu bilden und durch den Unterricht *anschaulich* zu wirken auf alle Weise die *sinnlichen Wahrnehmungen* des Schüler benutzen?
4. Wie kann ich durch anschauliche und wiederholte Darbietung des Stoffes bewirken, dass die gesichteten und geordneten Wahrnehmungen des Schülers sich zu inhaltsreichen *Anschauungen* verbinden und befestigen, und dass als Niederschlag und Frucht der gewonnenen Anschauungen *klare und inhaltsreiche Vorstellungen* zurückbleiben?
5. Wie kann ich durch angemessene Benutzung und Bearbeitung der Anschauungs- und Vorstellungswelt des Schülers einen Ersatz für sinnliche Wahrnehmungen schaffen durch Erzeugung von lebensvollen Gebilden der *inneren (geistigen) Anschauung*, durch systematische Pflege und Bildung der *Einbildungskraft (*Fantasie*)*; – und wie die Empfänglichkeit der Seele zur Aufnahme der »*Anschauungen des Gemüts*« vorbereiten, bilden und möglichst fruchtbar machen?

6. Wie habe ich im Einzelnen die Elemente des Unterrichtsstoffes durchzuarbeiten, zu gestalten und darzubieten, dass durch systematische, auf die Gesetze der Innenwelt gegründete, aber der Eigenart und besonderen Lage des Zöglings sich anschließende Einwirkung auf das *Denken* der Schüler die Vorstellungen in ihm *eine dauernde und fruchtbare Verbindung* eingehen? (...)
7. Wie kann ich aus dem so gesichteten, geordneten und wohlverknüpften Vorstellungsmaterial der Schüler durch *Abstraktion* Urteile (logische, ästhetische, sittliche) und Begriffe *(Regeln, Gesetze)* gewinnen, *die gewonnene Vorstellungsgebilde in begriffliche Einsicht umwandeln*?
8. Wie habe ich herzustellen einen angemessenen Wechsel von *rezeptiver* und *produktiver Tätigkeit*, von *Fortschritt* und *Ruhe*, von *Apperzeption* und *Abstraktion*, von rechter *Vertiefung* in das Wesen der Einzeldinge und ihrer komplexen, sowie rechter Zusammenfassung der durch die Vertiefung gewonnenen Verständnismomente (Besinnung)?
9. Wie kann ich dem Streben der menschlichen Seele, ihre Funktionen geordnet und einheitlich zusammenzufassen, am vollkommensten entgegenkommen durch sorgsame *Gliederung* (Artikulation) des Unterrichts in leicht überschauliche und durchsichtige gehaltvolle *Einheiten*, durch Aufdeckung der dem Wesen der Objekte zugrunde liegenden *typischen Elemente*, durch Aufstellung und Einhaltung fester aus denselben gewonnener *Richtlinien*, durch Verwebung der Stoffe und ihrer Einheiten nach dem Prinzip einer umsichtigen *Konzentration des Unterrichts*, welche (...), den vorhandenen innerlichen Zusammenhang und die gegebenen wechselseitigen Beziehungen unter den Einzelobjekten festhält, das in der Seele des Schülers vereinzelt Dastehende verknüpft und so das geistige Innere des Zöglings zum Zentrum macht?« (vgl. Frick [1892] 1979, 204ff.)

Die große Leistung der didaktischen Diskussion im 19. Jahrhundert besteht darin, die Frage nach dem Aufbau des Unterrichts aus der Perspektive der Beförderung des Erkenntnisprozesses der Zöglinge durch die Lehrer zu stellen. Auf dem Hintergrund des damaligen Verständnisses werden Lehrkräfte aufgefordert, ihren Unterricht entsprechend zu durchdenken.

Die didaktische Diskussion zu Beginn des 20. Jahrhunderts war inspiriert von der entstehenden Kinderpsychologie. Das Kind und seine Entwicklungs- und Lernprozesse gerieten in den Blick. Einzelne Psychologen beobachteten zunächst ihre Kinder und notierten deren Entwicklungsprozesse in Tagebüchern. Damit wurde nicht mehr im Medium literarischer Fiktion über Kinder nachgedacht, sondern auf dem Hintergrund dokumentierter Entwicklungsverläufe und deren Deskription. Jedoch wurde die Wechselwirkung von Entwicklungsverläufen der Kinder in bestimmten Bereichen (Motorik, Sprache) und dem spezifischen Angebot ihrer Eltern noch nicht gesehen. Aus der Wertschätzung dieser Entwicklungsverläufe wurde eine Pädagogik akzentuiert, die die eigenständige Entfaltung der Kinder betonte.

Die Konzentration der Aufmerksamkeit auf Entwicklungsprozesse finden wir auch bei *Maria Montessori* (1870–1952). Als Ärztin und Pädagogin gründete sie (nicht nur) in Italien Kinderhäuser für Arbeiterkinder. Die von ihr bei der Betreuung geistig behinderter Kinder entwickelte Methode übertrug sie auf die gesamte Kindererziehung, indem sie die Sinnestätigkeit der Kinder ebenso förderte wie ihren Selbsttätigkeits- und Selbstbildungsprozess. In ihrer Schrift »*Die vier Stufen der Erziehung*« (1938) entfaltet sie den Gedanken, dass die Lehrkraft Kinder beobachten muss, um so zu lernen, wie sie zu erziehen sind. Nach ihren Beobachtungen durchlaufen Kinder in ihrer Entwicklung bestimmte Phasen. In der formativen Periode (Geburt – ca. 6. Lebensjahr) realisiere das Kind seine individuellen Werte.

> *»Das Kind begreift, dass es unabhängig sein und mit eigenen Kräften dies und jenes zustande bringen kann. Um das zu erreichen, muss das Kind in eine freie Umgebung hineingestellt werden, wo es von sich aus gesellschaftliche Beziehungen knüpfen kann. [...] das Kind muss aufgrund eigener Initiative in einer Umgebung frei handeln dürfen, die auf seine Bedürfnisse abgestimmt ist. [...] Es kann nicht nur sich selbst helfen, sondern es lernt auch zu ›arbei-*

> *ten‹, es lernt, mit den Materialien umzugehen, die in dieser freien Umgebung zu seiner Verfügung stehen und die seine Entwicklung fördern.«* (Montessori 1971, 19f.)

In der zweiten Phase, vom 7. bis zum 12. Lebensjahr an, gehe es vom Konkreten zum Abstrakten über. Es zeige großes Interesse an Kenntnissen und an der Wissenschaft.

> *»Es möchte vieles wissen, viele Dinge kennen, die es nicht greifen kann. [...] In diesem Lebensabschnitt wird die Grundlage für die moralische Orientierung des Erwachsenen gelegt.«* (Montessori 1971, 21)

Das Kind benötige andere und größere Anspannung. Viele Reformpädagogen betonten die Aufgabe, eine angemessene und lehrreiche Umgebung zu schaffen, so auch Montessori, die für ihre »Kinderhäuser« eine ästhetisch schöne Gestaltung und Ausstattung mit Kindermöbeln, Glas und Porzellan forderte. Gegenstände des praktischen Bedarfs wie Besen, Kehrwische, Kehrbleche sollten in kindgerechter Größe angeboten werden. Ihre »Übungen des praktischen Lebens« und die zahlreichen Entwicklungsmaterialien (Farbtäfelchen, Knüpfrahmen, Einsatzblöcke und Klötze, Farbmaterial, Glocken, Kästchen mit beweglichen Buchstaben, Sandpapierbuchstaben etc.) sollten Lehrkräfte dabei unterstützen, auf die Eigenart der Kinder Rücksicht zu nehmen. Ansätze für die Förderung der Selbsttätigkeit bieten freie Unterrichtsgespräche, Projektarbeit und ein veränderter Umgang mit Zeit.

Für die didaktische Diskussion resultierte aus solchen Überlegungen eine Kritik am herkömmlichen Unterricht und eine Hinwendung zum Kind und seinen Prozessen des Selbstausdrucks (beim Malen, Schreiben, Spielen, Bewegen, Tanzen). Der neue Unterricht sollte die Entwicklungs- und Denkprozesse des Kindes durch geeignete Organisationsformen unterstützen. Von daher erhielt die Arbeit als Unterrichtsprinzip, die Gestaltung von Vorhaben bzw. Projekten, das Erlebnis und die Suche nach aktivierenden Unterrichtsmethoden (z.B. Anleitungen zu eigenständigen Beobachtungen oder zum Fragen) Bedeutung; in den Vordergrund traten

Überlegungen, wie die eigenständigen, selbstverantworteten Lern- und Entwicklungsprozesse des Kindes befördert werden könnten.

Stellt man das Denken des Herbartianismus und das reformpädagogische Denken gegenüber, so lassen sich folgende Gegensätze stilisieren (s. S. 25):

Reformpädagogische Überlegungen leisteten vor allem einen Beitrag zur Ausdifferenzierung methodischer Überlegungen (vgl. auch Geißler 1952). Unter heutiger Perspektive ist kritisch anzumerken, dass Reformpädagogen

> »*Lernen unter Bedingungen von Interesse und Bedürfnis, nicht aber, wie Lehren mit Lernen verbunden werden kann, wenn Interesse, aber auch wenn kein Interesse vorhanden ist, (beschreiben). Sie geben [...] der Frage des* Lehrens *keine Priorität, sondern reduzieren sie auf den Lernanlass; aber die entscheidende Frage an jede Methode wäre, ob sie auch Lernen ohne Anlass (und ohne Interesse) bewirken und regulieren kann. Und diese Frage lässt sich nur im Blick auf die Inhalte lösen, weil sich je nach inhaltlichem Kontext die Methode des Lehrens und die Art des Lernens* anders *darstellt. Doch das ist allein* vom Kinde aus *nicht zu denken.« (Oelkers 1989, 134f.)*

	Herbartianismus	Reformpädagogik
Schule	Schule als Lern- und Buchschule.	Schule als Interessen-, Denk- und Forschungsgemeinschaft; Laboratory School; Schule als Lebensschule; Gestaltung eines aktiven Schullebens (Feiern, Feste).
Klassenraum	Die Schüler sind streng auf die Lehrkraft als Instrukteur ausgerichtet.	Gestaltung einer Lernumgebung und Einrichtung von Laboratorien.
Unterrichtsziele	Gesinnungsbildung; Wissensvermittlung; Fertigkeitsschulung.	Förderung der Interessensentwicklung und des Denkens des Kindes.
Systematik	Systematik der Fächer; Fachunterricht; Vermittlung fachspezifischer Verfahren.	Orientierung an der Lebenswelt und an den Interessen des Kindes; Gelegenheitsunterricht; Erlebnisunterricht; Gesamtunterricht mit ganzheitlicher Perspektive.
Lernmittel	Schulbücher.	Bücher, Lexika, Zeitschriften, didaktische Materialien, Karten, Bilder, Sandkästen, Dias, Filme.
Lernverständnis	Lernen durch Belehrung; Lernen durch angeleitetes Tun.	Lernen durch Eigentätigkeit; durch selbstbestimmtes, kreatives, aktives Tun.
Methoden des Unterrichts	Lernen durch gleichschrittiges Vorgehen im fragend-entwickelnden Unterricht.	Lernen durch Spiel, Arbeit, praktisches Tun, Projekte, Werken.
Sozialformen	Lernen im Klassenverband; Frontalunterricht.	Lernen in Einzelarbeit (Dalton-Plan); in Stammgruppen und in Kursen (Einführungskurse, Niveaukurse, Wahlkurse) und in Gruppenarbeit resp. Gruppenunterricht.
Planung	Planung durch den Lehrer.	Gemeinsame Planung durch Lehrer und Kinder.

Abb. 1: Akzentuierungen der pädagogischen Arbeit: Herbartianismus versus Reformpädagogik

Theorien und Modelle der Didaktik

Einen neuen Aufschwung nahm die didaktische Diskussion mit der Verlagerung der Lehrerbildung in die Pädagogischen Hochschulen und später in die Universitäten. Es wurden Überlegungen zum Lehren und Lernen im Rahmen organisierten Unterrichts in Theorien und Modellen der Didaktik gebündelt. Während in den 60er- und 70er-Jahren wenige große Richtungen kontrovers debattiert wurden, entstanden in den 80er- und 90er-Jahren eine Vielzahl von Modellen; der Pädagoge *Friedrich W. Kron* zählte 1994 dreißig verschiedene Varianten (1994, 117). Wir stellen im Folgenden einige unter der Perspektive ihrer spezifischen Gewichtung von Faktoren des Unterrichts vor.

Die bildungstheoretische Didaktik

Auf dem Hintergrund der *Tradition der geisteswissenschaftlichen Didaktik* wird vor allem die Frage nach der Auswahl, Begründung und Legitimation von Bildungsinhalten relevant. *Wolfgang Klafki* (geb. 1927) knüpft in seiner »Didaktischen Analyse als Kern der Unterrichtsvorbereitung« (1958) an den Überlegungen seines Göttinger Hochschullehrers *Erich Weniger* (1894–1961) an, der in seiner Schrift »Didaktik als Bildungslehre. Theorie der Bildungsinhalte und des Lehrplans« (1952) Auswahlfragen zum Thema machte. Für Klafki kommt es darauf an, dass sich die Lehrkraft bei der Vorbereitung mit verschiedenen Möglichkeiten auseinander setzt, wie es zur »fruchtbaren Begegnung bestimmter Kinder mit bestimmten Bildungsinhalten« kommen kann. Dazu müsse sie sich mit den »Themen« des Lehrplans so auseinander setzen, dass deren Bildungsinhalte zur Geltung gebracht werden.

> »*Was ein Bildungsinhalt sei oder worin sein Bildungsgehalt oder Bildungswert liege, das kann erstens nur im Blick auf bestimmte Kinder und Jugendliche gesagt werden, die gebildet werden sollen, und zweitens nur im Blick auf eine bestimmte, geschichtlich-geistige Situation, […].*« (Klafki 1969, 11f.)

Von daher fragt Klafki nach dem »allgemeinen Sinn- oder Sachzusammenhang« der ausgewählten Inhalte, nach der Bedeutung des betreffenden Inhalts für die daran zu gewinnenden Erkenntnisse und nach seiner Relevanz für die Zukunft der Schülerinnen und Schüler (vgl. Klafki 1969, 15ff.). Die didaktische Analyse ist die Grundlage für methodische Vorbereitungen, die Aspekte wie: »Gliederung des Unterrichts in Abschnitte«, »Wahl der Unterrichts, Arbeits-, Spiel-, Übungs-, Wiederholungsformen«, Auswahl von »Hilfsmitteln (Lehr- und Lern- bzw. Arbeitsmitteln)« und »Sicherung der organisatorischen Voraussetzungen des Unterrichts« umfasst (Klafki 1969, 23). Klafkis didaktische Analyse hilft dabei, Auswahlfragen – bezogen auf die Inhalte des Unterrichts – zu entscheiden, gibt aber nur wenig Hilfen für die Organisation von Lernprozessen.

Die lernzielorientierte Didaktik

Die *curriculare oder lernzielorientierte Didaktik* nach *Christine Möller* (geb. 1934) geht von der Annahme aus, dass es notwendig ist, den Unterricht von seinem Ende her zu konzipieren. Ein Curriculum als »Plan für Aufbau und Ablauf von Unterrichtseinheiten« umfasst Aussagen über Lernziel, Lernorganisation und Formen der Lernkontrolle. Nur durch den Ausweis präziser Ziele kann der Erfolg des Lehrens und Lernens überprüft werden. Diese Didaktik, behavioristisch orientiert, formuliert Überlegungen zur Verhaltensmodifikation. Von daher wird vorgeschlagen, Lernziele genau und präzise anzugeben, sie nach Inhalts- und Verhaltensteil zu beschreiben (Endverhaltensbeschreibung unter Angabe der situativen Bedingungen) und sie nach einem hierarchisch aufgebauten Ordnungsschema zu ordnen. Im Lernorganisationsprozess geht es darum, den gewählten Lernzielen angemessene methodische Arrangements, die Lernen ermöglichen, zuzuordnen. Bei der Konstruktion von Testaufgaben, die dabei helfen sollen, das Erreichen der Lernziele zu überprüfen, ist eine Validierung der Inhalte und eine Analyse der Aufgaben vorzunehmen. Es gilt, den Beurteilungsmaßstab mitzuteilen (vgl. Möller 1986). Die besondere Leistung der lernzielorientierten Didaktik besteht in der Betonung der Notwendigkeit einer klaren Formulierung der Ziele des Unterrichts, in einer Definition des Niveaus der Anforderungen im kognitiven, affektiven und motorischen Bereich und damit im Versuch, das Niveau des Unterrichts zu heben und im erstmaligen Nachdenken über den Intensitätsgrad, mit dem über das Gelernte verfügt werden soll (vgl. Keck 1975; Glöckel 2003, 141).

Die lerntheoretische Didaktik

Die *lerntheoretische Didaktik (*Berliner Didaktik*)* will einen Beitrag zur Erkenntnis des Unterrichts leisten. Die Berliner *Paul Heimann* (1901–1967) und *Wolfgang Schulz* (1929–1995) gehen davon aus, dass Analyse und Planung von Unterricht eine intakte didaktische Theorie voraussetzt. Didaktik wird als Theorie des Unterrichts verstanden und Unterricht als ein Ort, wo die ungelösten Fragen der didaktischen Gesamtsituation als konkret zu lösende Lehr- und Lernprobleme auftreten. Der Unterricht wird als Prozess und Vorgang von größter Faktorenkomplexion (Winnefeld) angesehen. Das Modell vom Unterricht soll ihrer Meinung nach daher so angelegt sein, »dass es eine wertfreie theoretische Betrachtung von Unterricht auf kategorial-analytischer Grundlage ermöglicht« (Heimann 1968, 9).

> *»In der Kategorial-Analyse erweist sich Unterricht als ein bestimmt strukturiertes (Inter-) Aktionsfeld, in dem eindeutig zu benennende Entscheidungen zu fällen sind: für bestimmte Unterrichtsziele, Inhalte, Verfahren und Medien. [...] Sache der Theorie ist es allein, die Bedingungen von Unterrichtsentscheidungen zu klären und die an ihnen beteiligten Real- und Idealfaktoren zu ermitteln und so im Wege der Rückkoppelung die jeweilige (...) Entscheidung zu modifizieren (...).«* (Heimann 1968, 10)

Betrachtet man das Phänomen Unterricht, so tritt die formale Struktur hervor. Die Strukturmomente können so bezeichnet werden:

	Intentionalität	
Anthropogene Voraussetzungen	Thematik	Sozial-kulturelle Voraussetzungen
	Methodik	
	Medienwahl	

Abb. 2: Sechs Strukturmomente des Unterrichts (zitiert nach Schulz 1968, 23)

Die Strukturanalyse vermittelt ein Gesamtbild des gegebenen Unterrichts. Als wertfreies Beschreibungsmodell hilft es dabei, Ordnung in Eindrücke zu bringen und Probleme zu exponieren.

> »*Mindestens sechs Momente konstituieren in ihrem Zusammenwirken Unterricht als absichtsvoll pädagogisches Geschehen: Die pädagogischen Intentionen (Absichten), die Themen des Unterrichts (Inhalte, Gegenstände), mit denen die Absichten verfolgt werden, die Methoden (Verfahren), die zur Bewältigung von Intentionen und Themen dienen sollen, schließlich die Medien (Mittel) der Verständigung zwischen den am Unterricht Beteiligten über Absichten, Gegenstände und Verfahren [...]*« (Schulz 1968, 23)

Die Berliner Didaktik geht davon aus, dass die Intention des Unterrichts darauf gerichtet ist, Lernprozesse in der kognitiven, der emotionalen oder der pragmatischen Dimension anzuregen und zu steuern (vgl. Schulz 1968, 27).

Qualitätsstufe	**Kognitive Dimension**	**Pragmatische Dimension**	**Emotionale Dimension**
Anbahnung	Kenntnis	Fähigkeit	Anmutung
Entfaltung	Erkenntnis	Fertigkeit	Erlebnis
Gestaltung	Überzeugung	Gewohnheit	Gesinnung

Abb. 3: Ordnungsbegriffe (zitiert nach Schulz 1968, 27)

Unter Methodenkonzeptionen werden Verfahrensweisen gefasst, »die von einem Gesamtentwurf des Unterrichtsverlaufs her die einzelnen Unterrichtsschritte determinieren« (Schulz 1968, 31). Schulz nennt ganzheitlich-analytische, elementhaft-synthetische, Projektverfahren und fachgruppenspezifische Verfahren. Zur Methodik rechnet er auch die Artikulation des Unterrichts. Als Medien werden von der Berliner Didaktik

> *»alle Unterrichtsmittel bezeichnet, deren sich Lehrende und Lernende bedienen, um sich über Intentionen, Themen und Verfahren des Unterrichts zu verständigen.«* (Schulz 1968, 34)

In der Berliner Didaktik zählen die Medien als besondere Strukturmomente. Neben der theoretischen Erfassung des Unterrichts durch die Beschreibung der elementaren Strukturen (Strukturanalyse) soll eine Faktorenanalyse treten. Hier geht es darum, die anthropogenen und sozial-kulturellen Voraussetzungen des Unterrichts zu erfassen. Die Berliner Didaktiker schlugen eine Strukturplanung des Unterrichts in folgenden Schritten vor (vgl. Schulz 1968, 46):

> *»a) Als anthropogene Voraussetzungen werden im Idealfalle die Ermittlungen des Informationsstandes und des Meinungsstandes der gegebenen Lerngruppe zur Unterrichtseinheit genannt [...].*
> *b) Als sozial-kulturelle Voraussetzungen sollte man ebenfalls die konkret gegebenen Verhältnisse wenigstens vor sich selbst klar zu erfassen versuchen. [...]*
> *c) Intentionen*
> *d) Themenfolge*
> *e) Methodische Schwerpunkte*
> *f) Bevorzugte Medien.«* (Schulz 1968, 46)

Die lerntheoretisch genannte Didaktik entstand zu einem Zeitpunkt, da in der Psychologie die Kontroverse zwischen verhaltensorientierten Lerntheorien (Skinner) und kognitiven Theorien (Ausubel) noch unentschieden war; zwei konkurrierende Paradigmen bestanden nebeneinander. Erst 1971 legte Gagné den Vorschlag vor, beide Konzeptionen als Kontinuum zu denken. Von daher ist die eigentümliche Konsequenz, dass in dieser Didaktik über Lernen geredet wird, ohne zu zeigen, wie tatsächlich gelernt wird.

Die kritisch-kommunikative Didaktik

Die *kritisch-kommunikative Didaktik* basiert auf der These, dass Unterricht in erster Linie ein Interaktionsgeschehen ist. Gelingende Interaktion ist eher unwahrscheinlich; die Normalität von Störungen kommt in den Blick (vgl. Winkel 1983, 1987). Von Unterrichtsstörungen soll gesprochen werden,

> *»wenn der Unterricht (das Lehren und Lernen also) gestört wird, wenn der schulisch-unterrichtliche Kommunikationsprozess stockt, endet, außer Kontrolle gerät, wenn es unerträglich, inhuman, sinnlos und schädigend wird.«* (Winkel 1986, 99)

Rainer Winkel (geb. 1943) möchte gestörte Unterrichtsprozesse in den Blick nehmen. Winkel analysiert die unterrichtlichen Strukturen nicht nur unter dem Inhalts- und Vermittlungsaspekt; für ihn ist der Beziehungsaspekt und der störfaktoriale Aspekt von großer Wichtigkeit (1987, 80). In Leitfragen, die der Lehrkraft helfen sollen, über ihren Unterricht und seine Bedingungen nachzudenken, fragt er:

> *»Warum und mit welchen (oft verborgenen) Absichten wird unser Unterricht gestört bzw. mit welchen Störungen (von provokatorischen Akten bis hin zu Desmotivationen) muss in dem geplanten Unterricht aufgrund welcher Anzeichen gerechnet werden, und wie lassen sich solche gestörten Unterrichtsprozesse so produktiv gestalten, dass die darin liegenden Dechiffrierungsdaten erkannt und die Chancen einer Verbesserung des (oft leidigen) Unterrichts genutzt werden?« (Winkel 1986, 84ff.)*

Für ihn sind Fragen der Überprüfung des Erreichens der Lehr- und Lernziele von großer Relevanz. Bezogen auf die Evaluation der eigenen Unterrichtstätigkeit ist zu fragen:

> »*Sind die vorher aufgestellten Lehr- und Lernziele im Laufe des unterrichtlichen Kommunikationsprozesses bestätigt, eventuell revidiert oder durch neue und andere ersetzt worden; und wie können wir uns selbst und andere anhand welcher Lernleistungen darüber informieren, welche Ziele wir nun tatsächlich erreicht, welche wir verfehlt oder welchen Zielen wir uns lediglich (warum?) und nur entlang von Schwierigkeiten und Fehlern (welchen genau?) in etwa angenähert haben?*« (Winkel 1986, 86)

Bernd Benikowski geht davon aus, dass in jedem Unterricht Störungsphasen zu erwarten seien. Diese seien nicht notwendiges Übel in einem gewollten Lernkontext, sondern wichtiges Signal dafür, dass einzelne Teilnehmerinnen und Teilnehmer der Lerngruppe (oder auch die gesamte Gruppe) mit dem vorhandenen Lernarrangement nicht zurechtkämen (1995, 2).

Konstruktivistische Ansätze in der Didaktik

In den 90er-Jahren des 20. Jahrhunderts finden wir eine Akzentverschiebung in Richtung einer Auflösung von Verbindlichkeit der Lernziele und Lerninhalte, eine Verschiebung zugunsten der Lernprozesse des Individuums unter Vernachlässigung der Aufgaben des kumulativen Wissensausbaus und der Instruktion. Unterricht wird als ein »konstruktiver Ort der eigenen Weltfindung« (Reich 1996, 76) verstanden. *Kersten Reich* (Jg. 1948) formuliert, dass wir »Erfinder« (Konstruktion), »Entdecker« (Rekonstruktion) und unter der Perspektive, dass Dinge auch anders gesehen oder völlig anders sein könnten, »Enttarner« unserer Wirklichkeit (Dekonstruktion) seien. Von daher betont er Fragen der Perspektivität, die Wichtigkeit von Gegenentwürfen, die ebenfalls sein könnten, und die Bedeutung von Methoden und Verfahren. Für Reich ist die Selbstbestimmung der Motive, die hohe Selbsttätigkeit im Lernprozess und seine methodische Offenheit wichtig (vgl. Reich 1996, 88f.). Jedoch fragt er nicht nach dem Aufbau von Lernprozessen und den Sachstrukturen und damit verknüpften Lernprozessen, die von der Lehrkraft durchdacht werden müssten; Lernprobleme der Kinder kommen in seinen Überlegungen nicht vor.

Zwei weitere didaktische Ansätze zielen auf Subjektivierung. Die von *Edmund Kösel* (Jg. 1935) entfaltete »Subjektive Didaktik« begreift den Wissenserwerb als aktiven, selbst gesteuerten, konstruktiven, situativen und sozialen Prozess. Es wird eine Wende hin zum Lernenden vollzogen.

> »*Wissenserwerb und Lernen sind gebunden an die Biografie des Subjekts und seine entsprechenden Möglichkeiten der Konstruktion in seinen jeweiligen Milieus, ist also gebunden an seine Strukturgeschichte.*« (Kösel/Scherer 1996, 110)

Edmund Kösel und *Helios Scherer* (Jg. 1960) interessieren sich dafür, wie Menschen Lern-Gestalten in ihrer Lebensgeschichte entfalten und sie in konkreten Situationen inmitten einer organisierten Lern-Umwelt im Hier und Jetzt konstruieren (Kösel/Scherer 1996, 111). Es geht ihnen um die Analyse, in welchem Wertsystem, aus welchen Gewohnheiten und innerhalb welcher Postulats-Hierarchien Handlungsimperative organisiert werden.

In der Subjektiven Didaktik verabschiedet sich die Lehrkraft von der Aufgabe, Auswahlentscheidungen über Bildungsinhalte zu treffen und den Unterricht mit dem Ziel der Beförderung von Lernprozessen zu organisieren. Sie wird vor allem zum Beobachter der Lernprozesse der Lernenden selbst und reflektiert, wie Auswahlentscheidungen getroffen und wie eine Überformung der Inhalte durch die Theorien des Individuums vorgenommen werden.

Eine einfache Geschichte verdeutlicht die Problematik dieses Ansatzes. In Peter *Bichsels* Kindergeschichte unter dem Titel: »Ein Tisch ist ein Tisch« (1969) schildert er einen alten Mann, der sich für einen subjektiven Sprachgebrauch entscheidet. Er tauscht die Wörter aus. Zum Bett sagt er Bild, zum Tisch sagt er Teppich, zum Stuhl Wecker, zur Zeitung sagt er Bett und zum Spiegel sagt er Stuhl (2001, 25). Bichsel skizziert die Folgen: Der Mann hat eine neue Sprache, die ihm ganz allein gehört; die Konsequenz ist, dass er weder die Leute versteht, noch dass die Leute ihn verstehen; er verstummt (Bichsel 2001, 27, 29). Wir können aus dieser Geschichte lernen, dass sich ein Mensch mit subjektiven Denk- und Sprachgewohnheiten als Mitspieler aus seiner Umgebungskultur verabschiedet. Übertragen auf die Überlegungen von Kösel und Scherer gilt es zu betonen, dass verantwortliche Lehrkräfte subjektive Konstruktionen der Kinder durch die Einführung von »Falsch/Richtig-Unterscheidungen« korrigieren müssen.

Fassen wir die Geschichte des didaktischen Denkens zusammen, dann zeigen sich – bezogen auf den planmäßig angelegten Unterricht – zwei Richtungen. Die eine fragt nach Möglichkeiten sinnvoller Unterweisung von Lerngruppen (Instruktion), die andere nach Möglichkeiten der Beförderung eigenständiger, selbstregulierter und kreativer Lernprozesse der Schülerinnen und Schüler (Konstruktion); die eine nimmt eher die Lehrkraft und ihre Aufgaben in den Blick (Didaktik als Berufswissenschaft), die andere konzentriert sich auf den Bildungs- und Lernprozess des Individuums (Didaktik als Theorie einzelner, subjektiver Lernprozesse).

Aufzunehmende Traditionen – Unsere Akzentsetzung

Zu Beginn des 21. Jahrhunderts wird – auf dem Hintergrund von international vergleichenden Schulleistungsstudien – deutlich, dass Schülerinnen und Schüler in der Bundesrepublik Deutschland vergleichsweise zu wenig wissen und können und in den Testergebnissen die Schulleistungen nur im unteren Mittelfeld zu finden sind; in Deutschland gelingt es weniger als in anderen Ländern, die Schülerinnen und Schüler auf einem hohen und möglichst gering um den Mittelwert gestreuten Leistungsstand zu unterrichten. Wenn Schulleistungen der Schülerinnen und Schüler in hohem Maße mit dem Bildungshintergrund und sozioökonomischen Status der Eltern korrelieren, gelingt es durch schulischen Unterricht nicht, ein möglichst hohes Niveau bezogen auf die Grundbildung für alle Schülerinnen und Schüler zu sichern. Unsere These ist, dass gerade didaktische Konzeptionen, die im hohen Maß auf die Förderung der Subjektivität der Schülerinnen und Schüler setzen, wenig geeignet sind, hier einen Ausgleich zu schaffen. Nach unserer Auffassung ist der Blick auch auf die Risikoschülerinnen und -schüler zu richten und eine didaktische Theorie zu entwickeln, die in der Lage ist, die Lernprozesse der Schülerinnen und Schüler und auch derjenigen mit Lernproblemen, zu befördern. Daher schlagen wir vor, eine Traditionslinie aufzunehmen, die vielfach in der didaktischen Diskussion zu kurz kam.

Didaktik auf psychologischer Grundlage

Hans Aebli (1923–1990) sieht die Aufgabe der Lehrkraft darin, eine Lernsituation zu gestalten und neue Verhaltensweisen bei den Schülerinnen und Schülern aufzubauen. Seine *Didaktik auf psychologischer Grundlage* will Lehrkräften helfen, das Lernangebot zu strukturieren und eine Vorstellung von der Struktur der Verarbeitungsprozesse der Schülerinnen und Schüler zu entfalten. Er unterscheidet daher unterschiedlich anzulegende Lernprozesse, z.B. Zuhören und Erzählen/Referieren, Vorzeigen und Betrachten, Beobachten und Nachmachen, Lesen als Textverarbeitung, Schreiben in Kommunikations- und Handlungssituationen, einen Handlungsablauf planen, durchführen und verinnerlichen, eine Operation verstehen und durchführen, einen Begriff bilden. Hans Aeblis Theorie des strukturellen Lernens, die die Entwicklung des Kindes als Summe seiner Lernprozesse deutet, setzt sich konsequent mit Fragen des Lernens, des problemlösenden Aufbaus, des Durcharbeitens und Anwendens der Strukturen auf neue Situationen auseinander (Aebli 2001, 385).

Basismodelle des Lernens und Sichtstrukturen

Einen Durchbruch in der didaktischen Diskussion stellen die Überlegungen von *Fritz K. Oser* und *Franz J. Baeriswyl* dar. Die Autoren formulieren, dass zwei Ebenen des Unterrichts in den Blick genommen werden müssen, so genannte Sichtstrukturen und die Tiefenstrukturen. Die Tiefenstrukturen des Unterrichts zeigen, auf der Grundlage einer Unterscheidung von Basismodellen des Lernens, ob und wie gelernt wird. Dabei muss überlegt werden, ob und wie die Tiefenstrukturen und Sichtstrukturen des Unterrichts harmonieren.

> *»Distinctions should be made especially between (a) creating conditions for concrete activities of students, which we call the visible or sight structure of lesson, and (b) creating conditions for inner, non-visible constructive activities, namely, the learning process itself or the mental operations that refer to the deep structure of learning (basic-model). [...] A choreography of teaching, therefore, is composed of the planning and processing of teaching (sight structure) and of the planning und processing of the learning process (basic-model) in the classroom.«* (Oser/Baeriswyl 2001, 1032)

Nach Oser und Baeriswyl geht es darum, das Nachdenken über die geplanten und aufeinander folgenden Schritte beim Unterrichten mit einem Nachdenken über die jeweiligen Lernprozesse der Schülerinnen und Schüler, die induziert werden sollen, zu verbinden. Auf dem Hintergrund einer genauen Planung des Vorgehens beim Unterrichten kann spontan auf Ereignisse im Klassenzimmer reagiert (z.B. durch Zuhören, Hilfestellung gewähren, Erklären, Beraten, Kontrollieren) und die Interaktionsdynamik angemessen gestaltet werden.

Als Basismodelle des Lernens nennen sie u.a. erfahrungsbezogenes und entdeckendes Lernen, problemlösendes Lernen, Begriffs- und Konzeptbildung, Lernen von Strategien, soziales Lernen, Werteerziehung.

Das empirisch feststellbare Ergebnis von Lehr- und Lernprozessen und des tatsächlichen Wissens und Könnens von Schülerinnen und Schülern wirft die Frage auf, inwiefern sich in der Schule der Focus verschieben muss. Es geht nicht mehr um das Erteilen von Unterricht, sondern um die Beförderung von Lernprozessen und damit um die Frage, wie Unterricht gestaltet werden kann, der auf der Sichtstruktur den zu befördernden Lernprozessen der Kinder und Jugendlichen entspricht.

Lehrplan, Richtlinien, Curriculum

Welche Rolle spielen Richtlinien und Lehrpläne für das Handeln von Lehrkräften? Welche Traditionen werden über Richtlinien und Lehrpläne, die den Bildungskanon zum Ausdruck bringen, befestigt? Welche Rechte auf inhaltliche Angebote in allen Schulen können Schülerinnen und Schüler und ihre Eltern – mit Bezug auf die Richtlinien – ableiten? Warum tragen verschiedene gesellschaftliche Gruppen die Forderung vor, dass ihre Perspektiven auf die Gesellschaft ebenfalls in den Bildungskanon aufgenommen werden sollen? Inwiefern wird, wenn sich kulturelle Verunsicherungen in einer Gesellschaft zeigen, die Forderung nach der Befestigung des Bildungskanons erhoben, z.B. in Diskussionen über den Kanon lesenswerter Erzählungen, Romane oder sehenswerter Filme? Wie ist das Phänomen zu verstehen, dass die Curricula in verschiedenen Teilen der Welt sich angleichen? Gehen damit besondere Traditionen verloren? In diesem Kapitel können wir diese Fragen nur anreißen. Wir gehen der Frage nach, was unter Lehrplänen zu verstehen ist, diskutieren ihre Funktion, verweisen auf ausgewählte Fragen der Lehrplandiskussion anhand historischer Beispiele, gehen auf ihre neue Wertschätzung auf dem Hintergrund international vergleichender Schulleistungstests ein und fragen nach der gegenwärtigen Bedeutung eines Bildungskanons.

Was sind Lehrpläne?

Spricht man mit Lehrkräften über die Lehrpläne, dann lassen sich unterschiedliche Positionen finden. Manche erleben sie als Instrument der Bevormundung und Einschränkung; andere meinen, sie aufgrund der Besonderheiten der zu unterrichtenden Schülerinnen und Schüler nur bedingt berücksichtigen zu können. Wieder andere hoffen darauf, dass Reformen in der Schule über neue Richtlinien und Lehrpläne befördert werden (können).

Die historische Errungenschaft organisierten und angeleiteten Lernens besteht darin, Menschen nicht Wissen, Kulturgüter und Traditionen über interessengeleitetes und individuell inspiriertes Suchen und Finden entdecken zu lassen (autodidaktisches Lernen), sondern das Lernen systematisch anzuleiten. Unter einem Lehrplan verstehen wir die geordnete Zusammenfassung ausgewählter Lehr- und Lerninhalte, die während eines festgelegten Zeitraums durch Unterricht vom Lernenden angeeignet werden sollen. Lehrpläne entstehen,

> »*indem wir unter Berücksichtigung des Schulzieles und der Fachziele das Lehrgut i.e.S. in seinen einzelnen Lehrstoffen mitunter herab bis zu Stoffgebieten und -gruppen und sogar Lehreinheiten auswählen, das Ausgewählte auf Altersgruppen oder Klassen verteilen, es zweckmäßig anordnen, den Zusammenhang der Einzelheiten sichern und das alles übersichtlich festhalten und darstellen.*« (Dolch 1965, 13)

In der Regel spricht man nicht nur von Lehrplänen, sondern von Stoffplänen, Rahmenrichtlinien, Rahmenplänen, Bildungsplänen, Richtlinien oder Curricula. Wir differenzieren an dieser Stelle nicht und verwenden den Begriff der Lehrpläne. Sie zeichnen sich aus durch die Angabe übergeordneter Ziele (z.B. Bildung, Qualifikation, Kompetenz), Auswahl, Festlegung und Anordnung von fächerübergreifenden und fachspezifischen Inhalten, Angabe des Niveaus, auf dem jeweils Wissen und Können gelehrt und gelernt werden soll, Festlegung von Methoden und Medien und Wegen zur Überprüfung des Lern- und Unterrichtserfolges (Leistungskontrollen) resp. Evaluation des Unterrichts. Lehrpläne enthalten in der Regel auch Bestimmungen über die Zahl und Verteilung der wöchentlichen Unterrichtsstunden (Stundentafel). Sie sind oftmals jahrgangsweise geordnet.

Funktionen von Lehrplänen

In der Regel bewegen sich Lehrpläne zwischen drei Polen: a) der Sache/dem Lehrgut, b) den Kindern und Jugendlichen und c) der Gesellschaft und hier den widerstreitenden Mächten (Staat, Kirche, Wissenschaft, Wirtschaft). Verbindliche Lehrpläne auf nationaler und/oder landesweiter Ebene sind Ausdruck der *Selbstvergewisserung* einer Gesellschaft, sie komprimieren, was die ältere Generation an die jüngere an kulturellen Beständen, an Wissen, Fähigkeiten und Fertigkeiten weitergeben will. Von daher wird in bestimmten Abständen immer wieder eine Auseinandersetzung über den Lehrplan und die in ihm enthaltenen Fächer und ihren Umfang geführt (vgl. Giesecke 2002). Lehrpläne sind Instrumente der *Steuerung* (oder Normierung) des Lehrerhandelns, geben sie doch verbindlich Lehrziele, Lernziele, Lehr-Lerninhalte und oftmals auch Lehr-Lernarrangements und Evaluationsverfahren vor. Sie können zur *Professionalisierung des Lehrerhandelns* beitragen, wenn sie Hilfestellung geben zum Unterrichten eines nicht studierten Faches oder einer neuen Klassenstufe. Sie gewähren – gegenüber Eltern und Öffentlichkeit – eine *Orientierung* über die Schularbeit und weisen aus, was im jeweiligen Jahrgang und Fach gelehrt und gelernt werden soll. Sie zielen auf die Sicherung eines *vergleichbaren Niveaus des Wissens und Könnens* bei allen Schülerinnen und Schülern und sind damit ein Instrument zur *Förderung der Bildungsgerechtigkeit.* Sie wollen dazu beitragen, die Unterschiede zwischen verschiedenen Schulen und Klassen bezogen auf die Qualität nicht zu groß werden zu lassen. Sie legen damit Grundlagen für *Qualitätssicherung* und *Qualitätsverbesserung.* Vernünftig angelegt, können sie einen Beitrag zur Sicherung eines *kumulativen Wissensaufbaus* leisten. Lehrpläne können das *Herzstück von Bildungsgängen* darstellen. Sie formulieren die *Mindestvoraussetzungen,* die vorhanden sein müssen, um sinnvoll lernen zu können. Sie zeigen, was und wie gelernt werden soll. Sie sind zugleich die Grundlage für die *Erfassung und Bewertung der Lernergebnisse.* Lehrpläne sind Hilfsmittel in der Hand der Lehrerschaft, sich gegen übersteigerte Forderungen bezüglich dessen, was die Schülerinnen und Schüler alles können sollten, abzusichern (vgl. Klieme u.a. 2003). Will man Schulen nicht über Lehrpläne steuern, werden in der Regel andere Instrumente genutzt wie landesweite Vergleichs- und Abschlusstests oder Zugangsprüfungen der nachfolgenden Ausbildungs- und Bildungseinrichtungen (Fachhochschulen, Universitäten).

Ebenen der Lehrplangestaltung

Lehrpläne können entweder auf der Ebene des Staats- oder auf der Ebene der Einzelschule entwickelt werden. Christine Möller nannte als Vorteile einer auf Staatsebene ausgeführten Planung die »Vereinheitlichung des Wissens und Könnens aller gleichaltrigen Schüler aus derselben Schultype eines Staates« (1969, 34). Damit würden weniger Anforderungen an die Lehrplanarbeit durch die Lehrer gestellt. Diese Planung verstärke jedoch Tendenzen einer Bürokratisierung und verunmögliche, individuelle Gegebenheiten und örtliche Besonderheiten zu berücksichtigen. Die Vorteile einer auf der Einzelschulebene durchgeführten Lehrplanung bestehen in der Entschlussfreiheit und Eigenverantwortung eines Lehrerteams. Sie

> *»schafft Einstellungen, die Lernorganisation und Lernkontrolle positiv beeinflussen. Durch die gemeinsamen Planungsaufgaben wird eine starke Wir-Gemeinschaft geschaffen, in die auch die Schüler einbezogen werden, wodurch die Eigenständigkeit der einzelnen Schule hervorgestrichen und ihre Stellung gefestigt wird. Ein Wettbewerb zwischen den einzelnen Schulen in Bezug auf die Lehrpläne [...] macht die Schule für neue und fortschrittliche Ideen offen und verhindert das pflichtmäßige, unbeteiligte Plan-Soll-Erfüllen bei Lehrer und Schüler, [...]. [...] Freilich steht und fällt die Planung auf Einzelschulebene mit der Qualität der Lehrer.«* (Möller 1969, 34f.)

Für die Schülerinnen und Schüler bieten Systeme, wo Schulen selber ihr Curriculum festlegen können, dann besondere Chancen, wenn sie Schulen mit attraktiven inhaltlichen Angeboten besuchen; Schülerinnen und Schüler solcher Schulen, in denen eingeschränkte Lernangebote gemacht werden, werden benachteiligt.

Ordnungsprinzipien in Lehrplänen

Der Bildungsplan für die Realschule in Baden-Württemberg stellt auf 433 Seiten den Erziehungs- und Bildungsauftrag der Realschule vor, geht auf Aufgaben und Ziele, Grundsätze der Unterrichtsgestaltung, Aufgaben der Lehrerinnen und Lehrer, Zusammenarbeit der Schule mit Eltern und außerschulischen Einrichtungen ein, um dann einen Überblick über Inhalte und Fächer des Pflichtbereichs (Evangelische Religionslehre, Katholische Religionslehre, Deutsch, Erdkunde, Geschichte, Gemeinschaftskunde, Englisch, Französisch, Mathematik, Physik, Chemie, Biologie, Sport, Musik, Bildende Kunst, Ethik) resp. des Wahlpflichtbereichs (Natur und Technik, Mensch und Umwelt, Englisch, Französisch) zu geben. Es folgen die Jahrgangspläne für die Klassen 5–10, denen jeweils Überlegungen zu den Schülerinnen und Schülern, den erzieherischen und unterrichtlichen Anforderungen, fächerverbindende Themen für den jeweiligen Jahrgang und die Stoffe/Inhalte der verschiedenen Fächer folgen (Ministerium für Kultus und Sport Baden-Württemberg 1994).

In Niedersachsen liegen für die einzelnen Fächer resp. Lernbereiche (u.a. Deutsch, Mathematik, Geschichtlich-Soziale Weltkunde, Naturwissenschaften, Arbeit-Wirtschaft-Technik, Werte und Normen) Rahmenrichtlinien vor. Dabei fällt auf, dass bestimmte Fächer (Geschichte, Geografie, Sozialkunde resp. Biologie, Physik, Chemie) zu fächerübergreifenden Lernbereichen zusammengefasst sind. In den Rahmenrichtlinien werden Aufgaben und Ziele des jeweiligen Faches resp. Lernbereichs, Lernziele und Unterrichtsinhalte (oder Themenbereiche), Unterrichtsorganisation und Unterrichtsverfahren, Lernkontrollen und Leistungsbewertung vorgestellt. Manchmal folgen Beispiele für eine fächerübergreifende Unterrichtsorganisation.

In Baden-Württemberg sind die Fächer das strukturierende Prinzip des Unterrichts. Daneben sind für jeden Jahrgang fächerverbindende Themen ausgewiesen. In Niedersachsen stehen Fächer und Lernbereiche nebeneinander. Die Lernbereiche gewinnen ihre Gestalt nicht aus der Logik der Fächer, sondern aus übergreifenden Prinzipien. Bezogen auf die Steuerung des Lehrerhandelns durch die Bildungspläne resp. Rahmenrichtlinien werden in Baden-Württemberg knappe Hinweise zum Unterricht, seinen Inhalten und den zu vermittelnden Arbeitstechniken gegeben. Was im Unterricht im Rahmen eines Schuljahres inhaltlich behandelt werden soll, wird präzis gefasst. In Niedersachsen werden komplexe Zielsetzungen mit den Lernbereichen verknüpft. Der Unterricht zielt eher auf die Förderung der Kreativität, Individualität und Selbstverwirklichung der einzelnen Schülerinnen und Schüler. Die zu behandelnden Inhalte werden offen angegeben; Lehrkräften bleibt ein Spielraum für die inhaltliche und methodische Gestaltung des Unterrichts. Damit erhalten die Lehrkräfte in Niedersachsen einen Freiheitsspielraum, damit aber auch eine größere Verantwortung für die Qualität des Unterrichts.

Zur Konstruktion der Lehrpläne – Historische Beispiele

Blicken wir auf die heutigen Bildungs- und Lehrpläne, dann zeigt sich eine relative Annäherung zwischen den Zielen und Inhalten der Elementarbildung und der Bildung im Sekundarbereich I und II. Der Fächerkanon ähnelt sich, auch wenn Umfang, Komplexität und Differenziertheit der Inhalte sich unterscheiden. Solche Bildungs- und Lehrpläne verweisen auf die Herausforderungen der Wissensgesellschaft, die auf umfassend gebildete junge Menschen und lebensbegleitendes Lernen angewiesen ist.

Eine derartige Angleichung zwischen den Bildungsgängen (auch in verschiedenen Schulformen) war nicht immer gegeben. Durch die Geschichte des Schulwesens und seiner Bildungs- und Lehrpläne zieht sich der Streit um das Bildungsideal und seine Ausdifferenzierung resp. Angleichung für Menschen aus verschiedenen Ständen und Klassen, Regionen, unterschiedlichen Geschlechts und Konfession. Dieser Streit flammt – in bestimmten Abständen – neu auf.

Über ein Jahrtausend lang (bis zur Reformation) bestimmten die »septem artes liberales« (Sieben freien Künste) den Lehrplan für die Gebildeten und Gelehrten als kleiner Gruppe der Gesellschaft. Sie umfassten zwei Hauptgebiete:

> *»die (lateinisch-)sprachlichen Fächer Grammatik, Rhetorik und Dialektik, das so genannte ›Trivium‹, und die mathematischen Fächer Arithmetik, Geometrie, Musiktheorie und Astronomie, das so genannte ›Quadrivium‹.«* (Müller 2002, 98)

Die Aufteilung des Bildungskanons in drei »Wortkünste« und vier »Zahlkünste« bildete die Grundlage für die Bildung von Klerus, Rittern und für Studien an den Universitäten. In seiner Schrift »Lehrplan des Abendlandes. Zweieinhalb Jahrtausende seiner Geschichte« zeigte *Josef Dolch* (1899–1971), dass nach den Krisen des Mittelalters, der Kenntniserweiterung in der Neuzeit und den tief greifenden Umwälzungen durch Renaissance, Humanismus, Reformation und Rationalismus im Zeitalter des Barock ein neuer Lehrplan entstand, der sich an den Wissenschaften orientierte, neue Gewichtungen vornahm und veränderte Auswahlprinzipien anbot.

> *»Auf eine kurze Form gebracht lauten die lehrplantheoretischen Konsequenzen der Wissenschaftslehre Bacons:*
> *a) Die Wissenschaften sind ein einheitlicher Globus intellectualis, also darf der Lehrplan nicht ein willkürliches oder herkömmliches Fetzenwerk aus diesem sein; der Lehrplan muss universal sein.*
> *b) Die verschiedenen Wissenschaften entspringen verschiedenen Geisteskräften des Menschen, also können nicht nur, sondern sollen mehrere Fächer ziemlich gleichzeitig getrieben werden; der Lehrplan kann nicht länger progressiv bleiben, sondern muss konzentrisch werden.*
> *c) Fremde Sprachen sind eine ganz spezielle Technik im Felde der Logik, von der der Gebrauch der geistigen Grundkräfte und der Fortschritt der Erfahrungswissenschaft nicht wesentlich abhängen. (...); der Lehrplan darf also nicht zuerst ausschließlich fremdsprachlich sein.«* (Dolch 1965, 273)

Mit dem Zeitalter der Reformation wurde das herkömmliche Nacheinander der Fächer durch ein Nebeneinander ersetzt; der Lehrstoff wurde stärker gegliedert.

In den Lateinschulen (den späteren Gymnasien) lag der Schwerpunkt im Lehrkanon auf Religion, Lesen und Schreiben (Deutsch und Latein), Latein als erste Sprache, Musik (bes. Kirchenlied deutsch und lateinisch), Elemente der Rhetorik und Dialektik, Geschichte (biblische, antike, deutsche), Geografie, Arithmetik, Elemente der Geometrie, der Astronomie und Astrologie, sporadische Erwähnung naturwissenschaftlicher Fakten, Leibesübungen (volkstümliche Spiele) (vgl. Dolch 1965, 216). Während des 17. Jahrhunderts erweiterte sich der Kanon der höheren Schule um Französisch, um die Realien (Geschichte, Geografie, Botanik), Mechanik, Baukunst und Tanzen. Die Muttersprache erhielt im Kanon ihren festen Platz (Dolch 1965, 306).

Aufgrund der Forderung, dass alle Menschen in ihrer eigenen Sprache die Bibel lesen können sollten, wurde, auf dem Hintergrund der Verbreitung des Buchdrucks, das Lesen- und Schreibenlernen bedeutsam. Der Lehrplan umfasste um das Jahr 1600 Religionsunterricht, Lesen deutscher Schrift, lateinisches Alphabet, Schreiben als Schönschreiben, Rechtschreiben, Sprachlehre, Briefe- und Geschäftsschreiben, Kirchenliedgesang und Rechnen (Elementares Rechnen und evtl. Kaufmännisches Rechnen) (vgl. Dolch 1965, 250).

Mit der Reformation wurde die Forderung nach einer Elementarbildung für das Volk laut; sie konzentrierte sich wesentlich auf die Vermittlung des Lesens, Schreibens und einfachen Rechnens und fand in der religiösen Erziehung, später in der Gesinnungsbildung ihre konzentrierende Mitte. Elementarbildung wurde später im Kontext der Konstituierung der Nation (Nationalbildung) konturiert.

Die Entwicklung des Lehrplans ging mit dem Ausbau und der Expansion des Schulwesens einher. Dabei erfolgte die Steuerung und Entwicklung der höheren Schulen über die Diskussion der Inhalte; im Elementarschulwesen richtete sich die Aufmerksamkeit auf die Methode (vgl. Terhart 1997). Trotz alledem wurde auch für die Volksschule um die Frage der Konstruktionsprinzipien des Lehrplans und um die anzubietenden Fächer gerungen.

Hier werden zur Erhellung dieser Auseinandersetzung zwei Ansätze gegenüber gestellt, nämlich die Überlegungen von *Friedrich*

Wilhelm Dörpfeld (1824–1893) und die des Herbartianer *Tuiskon Ziller* (1817–1883).

In seinen »Grundlinien einer Theorie des Lehrplans, zunächst für Volks- und Mittelschulen« (1873) entwickelte Dörpfeld einen vollständigen Lehrplan und forderte eine Reflexion der Stellung der Lehrfächer zueinander.

> *»Der Lehrplan der Volksschule muss umfassen:*
> A. *Die sachunterrichtlichen Fächer: Naturkunde, Menschenleben (in Gegenwart und Vergangenheit), Religion;*
> B. *Die Sprache (Muttersprache) mit ihren Fertigkeiten: Reden, Lesen, Schreiben;*
> C. *Die formunterrichtlichen Fächer: Rechnen, Zeichnen, Gesang.«* (Dörpfeld 1962, 77ff.)

Dörpfeld setzte sich mit den Kernstücken früherer Lehrpläne auseinander. Nach seiner Auffassung sollten nicht Lesen, Schreiben, Rechnen oder fremde Sprachen (Humanisten) oder Religionsunterricht (Preußisches Regulativ) oder Naturwissenschaften und Mathematik (»Realisten«) im Mittelpunkt stehen, sondern die sachunterrichtlichen Fächer die Basis des gesamten Unterrichts bilden (vgl. Dörpfeld 1962, 77ff.). Ganz anders argumentierte Tuiskon Ziller, der, kulturpädagogisch inspiriert, von der These ausging, dass die kindliche Entwicklung einen Nachvollzug der Kulturstufen der Menschheit darstelle. Daher schlug er einen Lehrplan für die achtjährige Volksschule vor, der den acht kulturhistorischen Stufen folgte. Folgende Stoffe sollten im Mittelpunkt des Unterrichts stehen:

> *»1. Schuljahr: Grimmsche Märchen; 2. Schuljahr: Robinson; 3. Schuljahr: a) die Geschichte der Patriarchen, b) deutsche Heldenzeit; 4. Schuljahr: a) Geschichte der Richter, b) deutsche Königsgeschichte; 5. Schuljahr: a) das Davidsche Königtum, b) Barbarossa und die Kreuzzüge, Sinken des Rittertums, Rudolf von Habsburg, Schweizer Aufstand; 6. Schuljahr: a) das Leben Jesu und einschaltungsweise Stücke aus den Propheten, b) Reformationsgeschichte, Erfindungen und Entdeckungen, Dreißigjähriger Krieg, Friedrich der Große; 7. Schuljahr: a) die Apostelgeschichte mit Einschaltun-*

gen von Stücken aus den Briefen des neuen Testaments, b) profane Geschichte des Altertums; 8. Schuljahr: a) abschließende Wiederholung des Katechismus, b) Freiheitskriege, Französische Revolution, amerikanische Befreiungskriege, Gründung des neuen Deutschen Reichs [...]. Um diese religiösen und profanen Gesinnungsstoffe sollen sich die übrigen Fächer so gruppieren, dass sie nur eine dienende Stellung einnehmen; ihre Selbstständigkeit geht daher verloren, und die Auswahl der zu bearbeitenden Gebiete wird durch jene Stoffe bestimmt.« (Förster o.J., XIV)

In diesen beiden Lehrplänen finden sich unterschiedliche Orientierungen. Während Friedrich Wilhelm Dörpfeld die Logik der verschiedenen Fächer im Lehrplan der Volksschulen abgebildet wissen will und sich für die sachunterrichtlichen Fächer einsetzte, steht für Tuiskon Ziller die kulturelle Entwicklung der Menschheit im Mittelpunkt, die das einzelne Kind nach seiner Auffassung nachzuvollziehen hat. Religion und Geschichte als Kulturgeschichte bilden für ihn den Mittelpunkt, der Bildung bewirken soll.

Georg Kerschensteiner (1854–1932) kritisierte in seinem Band »Betrachtungen zur Theorie des Lehrplans« (1899) die Maximen des Lehrplandenkens seiner Zeit. Nach seiner Auffassung soll ein Lehrplan folgende sechs Punkte behandeln:

»Die notwendige und hinreichende Zahl der Unterrichtsfächer, ihr Gewicht im Stundenausmaße, die räumliche und zeitliche Anordnung der Fächer, die Stoffauswahl innerhalb der Fächer, die Gliederung des ausgewählten Stoffes und endlich die wechselseitige Verknüpfung der einzelnen Unterrichtsfächer und ihrer Glieder.« (Dolch 1965, 356)

Damit formulierte Georg Kerschensteiner Anforderungen an die Lehrpläne, die wir heute noch teilen und die sich in den Bildungsplänen verschiedener Schulstufen und Schulformen wiederfinden lassen. In reformpädagogischen Überlegungen zu Beginn des 20. Jahrhunderts fand sich eine Kritik an Lehrplänen, ihrer stofflichen Überladung und an ihrem Zwangscharakter. Sie bezogen sich nicht konstruktiv auf curriculare Fragen der Auswahl der Bildungsinhalte und ihrer sinnvollen Stufung; sie wollten Auswahlentscheidungen durch einen Bezug auf die Interessen der Kinder und Jugendlichen treffen. Der Prozess des Lernens trat in den Mittelpunkt; man hoffte, dass Lernprozesse Folgen hätten, ohne die Anstrengungen zu unternehmen, kumulative Lernprozesse institutionell zu ermöglichen und durch einen Lehrplan zu sichern (vgl. Oelkers 1989). Lernen wurde damit an die vorhandenen Interessen der Kinder gebunden und individualisiert.

Die »Richtlinien zur Aufstellung von Lehrplänen« für die Volksschulen von 1921/22 waren daher stärker schülerorientiert, brachen mit starren Stoffkatalogen und räumten den Lehrkräften einen größeren Gestaltungsspielraum ein. Dieser Gestaltungsspielraum wurde zwischen 1937 und 1939 zurückgenommen, als in den neuen Reichsrichtlinien für die allgemeinbildenden Schulen Momente der NS-Indoktrination aufgenommen wurden.

Nach dem Zweiten Weltkrieg wurde erneut über Lehrplanfragen nachgedacht. In seiner Didaktik als Bildungslehre interpretierte *Erich Weniger* (1894–1961) Lehrpläne als Resultat gesellschaftlicher Auseinandersetzungen. Verschiedene geistige Mächte (wie Kirche, Wirtschaft und Gesellschaft, Kunst und Wissenschaft, Recht und Sitte) hätten das Interesse, in der Schule durch Inhalte repräsentiert zu werden. Er sprach dem Staat die Aufgabe zu, regulierend einzugreifen, zwischen verschiedenen Ansprüchen zu vermitteln und bestimmte inhaltliche Interessen in bildungsgerechte Formen zu übertragen. In seiner Lehrplantheorie spielen drei Schichten eine Rolle. Die Schule soll die kulturellen, gesellschaftlichen und wissenschaftlichen Aufgaben und Probleme der Gegenwart und Zukunft sichtbar machen und darauf vorbereiten. Der Lehrplan soll in verschiedene geistige Grundrichtungen (wie geschichtliches Verständnis, naturwissenschaftliches Denken) einführen und Kenntnisse, Fähigkeiten und Fertigkeiten, die gekonnt werden müssen, benennen (vgl. Weniger 1952).

Die Bildungs- und Lehrpläne nach 1945 knüpften an den Richtlinien der 20er-Jahre an. Erst Ende der 60er-Jahre des 20. Jahrhunderts wurde erneut um die Lehrpläne gestritten. Sie sollten modernisiert werden im Sinne einer Anpassung an die Herausforderungen der wissenschaftlich-technischen Lebenswelt, stärker an den Wissenschaften orientiert und bezogen auf die Verfahren ihrer Erstellung transparent gestaltet und demokratisch kontrolliert werden.

Im Konzept von *Saul P. Robinsohn* wurde davon ausgegangen,

> »*dass in der Erziehung Ausstattung zur Bewältigung von Lebenssituationen geleistet wird; dass diese Ausstattung geschieht, indem gewisse Qualifikationen und eine gewisse ›Disponibilität‹ durch die Aneignung von Kenntnissen, Einsichten, Haltungen und Fertigkeiten erworben werden; und dass eben die Curricula – und im engeren Sinne – ausgewählte Bildungsinhalte zur Vermittlung derartiger Qualifikationen bestimmt sind.*« (Robinsohn 1969, 45)

Curriculumforschung habe daher die Aufgabe, zukünftige Situationen und in ihnen geforderte Funktionen, die zu ihrer Bewältigung notwendigen Qualifikationen und die Bildungsinhalte und Gegenstände, durch welche diese Qualifikationen bewirkt werden soll, zu identifizieren. Für die Auswahl von Bildungsinhalten schlug der Autor folgende Kriterien vor, (1) die »Bedeutung eines Gegenstandes im Gefüge der Wissenschaft«, (2) die »Leistung eines Gegenstandes für Weltverstehen, d.h. für die Orientierung innerhalb einer Kultur und für die Interpretation ihrer Phänomene« und (3) »die Funktion eines Gegenstandes in spezifischen Verwendungssituationen des privaten und öffentlichen Lebens« (Robinsohn 1969, 47).

Die Relevanz von Bildungsgegenständen könne sich auch aus »Analysen von spezifischen gesellschaftlichen, auch beruflichen Verwendungssituationen und Bedürfnissen« ergeben (Robinsohn 1969, 48). In einer kritischen Auseinandersetzung mit diesem Konzept wurde erörtert, inwiefern zukünftige Lebenssituationen und Funktionen bestimmbar seien und schulisches Lernen – auf dem Hintergrund von technologischen Zweck-Mittel-Überlegungen und praktischen Wirkungsannahmen – planbar sei. Es folgte eine intensive curriculare Diskussion, die zu einer Formulierung oberster Lernziele und Zuordnung von Fächern und Stoffen unter Zerstückelung und Subjektivierung der Lerninhalte führte (vgl. Giesecke 2002, 64).

Fassen wir die vorgestellten Überlegungen zusammen, dann zeigen die Bildungs- und Lehrpläne der verschiedenen Schulen (Schulstufen und Schulformen) ein je unterschiedliches Verständnis darüber, wem ein Recht auf Bildung zukommt (Bildung nur für eine Elite oder für alle), je verschiedene Bildungsideale (Bildung von Gelehrten und Volksbildung versus Grundbildung auf steigendem Niveau für alle), je verschiedene Angaben über die konzentrierende Mitte des Lehrplans (z.B. Gesinnungsbildung, Nationalbildung) und welche Fächer in den Schulen angeboten werden sollen (z. B. Alte Sprachen, die Realien, die Naturwissenschaften, die Geisteswissenschaften, Religionskunden). Zugleich sind Fragen nach der Ausdifferenzierung des Lehrplans und seiner Bedeutsamkeit für die Weitergabe kultureller Traditionen und für die Kompetenzentwicklung aller Angehörigen der jungen Generation in allen grundlegenden Fächern resp. nach seiner Unwichtigkeit beim Setzen auf das individuelle Interesse des Einzelnen als Motor des Lernens gestellt.

Zur Wichtigkeit des kumulativen Wissensaufbaus

Die international vergleichenden Schulleistungsstudien, die in jüngster Zeit vorgelegt wurden, fragen weniger nach Zielen, Inhalten und Lehr-Lernarrangements durch Lehrpläne. Es wird nach dem – durch Unterricht – erreichten Wissen und Können gefragt. Bezogen auf das Curriculum unterschieden Jürgen Baumert, Olaf Köller, Manfred Lehrke und Jens Brockmann ein *intendiertes*, *potenzielles*, *implementiertes* und *erreichtes* Curriculum.

> »*In Deutschland ist das intendierte Curriculum aus den Lehrplänen und Prüfungsvorschriften der Länder zu rekonstruieren. Die zugelassenen Lehrbücher dokumentieren das potenzielle Curriculum. Als implementiertes Curriculum gilt der in einer Schule tatsächlich behandelte Stoff, der über Fachlehrer- oder Fachleiterbefragungen erfasst wird. Das erreichte Curriculum schließlich wird durch die Schülerleistungen selbst angezeigt.*« (Baumert/Köller/Lehrke/Brockmann 2000, 43)

Basierend auf den Schulleistungsvergleichen und der durch sie gesetzten Anspruchsniveaus ist nach der Anlage des Wissensfortschrittes (Kenntnisse, Fähigkeiten, Fertigkeiten) durch ein Curriculum zu fragen. Wie wird über den Lernfortschritt im Primarbereich und im Sekundarbereich I konzeptionell gedacht? Wie wird Wissen aufgebaut, vertieft und ausdifferenziert? Für Lehrkräfte stellt sich die Aufgabe darüber nachzudenken, ob und wie die jeweils gültigen Bildungspläne und Richtlinien in einem Bundesland den kumulativen Wissensaufbau in den einzelnen Fächern resp. Lernbereichen angelegt haben, inwiefern in verschiedenen Domänen Kompetenzen aus anderen Bereichen (Lesekompetenz, mathematische Kompetenz) vorausgesetzt wird und inwiefern diese schon aufgebaut wurden resp. – abgestimmt auf das eigene Fach – vermittelt werden müssen und wie der Wissensaufbau in den verschiedenen Fächern und Lernbereichen aufeinander abgestimmt erfolgen kann. Darüber hinaus müssen sie prüfen, wie Unterricht gegebenenfalls auf verschiedenen Lern- und Leistungsniveaus (Kompetenzstufen) angelegt werden kann und welche Formen der Problembearbeitung, Übung, Anwendung und des Transfers gewählt werden müssen, um langfristig Wissen, Können, Fähigkeiten und Fertigkeiten bei den Schülerinnen und Schülern zu sichern. Die Schule sollte die Beobachtungen und Erkenntnisse der Lehrkräfte auch für die Überarbeitung der Curricula, Bildungspläne und Richtlinien fruchtbar machen. Lehrkräfte könnten beobachten, inwiefern die Anlage der Bildungspläne sich für die Organisation eines kumulativen Wissensaufbaus als sinnvoll erweist, indem sie Lernschwierigkeiten und Lernfortschritte der Schülerinnen und Schüler analysieren. Es sind Formen der Rückkoppelung der Erkenntnisse der Lehrkräfte in das System der Curriculumplanung und Curriculumentwicklung zu organisieren.

Der Streit um den Bildungskanon

Diskussionen um den Bildungskanon in der Moderne werden meistens am Beispiel der »General Studies« an den Universitäten in angelsächsischen Ländern und in der Bundesrepublik am Beispiel des Bildungskanons des Gymnasiums und hier an den verbindlich zu wählenden Fächern und Inhalten geführt. Gerade in Zeiten einer gesellschaftlichen Verunsicherung über kulturelle Bestände, Traditionen und deren Gültigkeit werden Fragen des Kanons zum Thema. Gesellschaften stellen also mit der Frage nach dem Kanon und seiner Verbindlichkeit die Frage nach Stiftung, Tradierung und Pflege der Tradition. Es ist der Kanon, der bewahrenswertes Wissen kodifiziert, von der Lehr- und Lernbarkeit des Wissens ausgeht, Grenzen zwischen anerkanntem und ausgeschlossenem Wissen markiert und historisch auch mit Kontrolle resp. Zensur einher ging. Während Kräfte, die auf die Festigung bestehender Strukturen und Traditionen setzen, auf die Kanonisierung des Wissens pochen, versuchen andere, Raum und Zeit für neues Wissen zu schaffen. Darüber hinaus werden ausgeschlossene Wissensbestände aus dem Kanon wieder entdeckt; ihre Thematisierung und Bearbeitung wird eingefordert.

Spätestens seit der US-amerikanischen Debatte um den Kanon (vgl. Steiner-Khamsi 1992) wissen wir, dass dieser als androzentrisch und ethnozentrisch begriffen werden muss.

Im Bildungskanon wird meist die Tradition eines jeweiligen Landes transportiert; eines seiner Merkmale ist eine Verbindung zu nationalen Traditionen. Parallel zu Debatten um den Bildungskanon, der mit Tendenzen einer Renationalisierung verbunden sein kann, gibt es Entwicklungen einer weltweiten Angleichung der Curricula. So verweisen *John W. Meyer* und *Elizabeth Mc Eneaney* auf die Angleichung der Lehrpläne in den meisten Ländern der Erde und auf die Nivellierung kultureller Besonderheiten einzelner Länder und ihrer Geschichte in nationalen Lehrplänen durch eine Orientierung auf solche Vorgaben, die in internationalen Debatten als wichtig herausgestellt werden. Die Wissenschaftler führen die Angleichungen in den Curricula auf Veränderungen in und zwischen den Nationen und auf die Entstehung der modernen Weltgesellschaft zurück. Curriculare Veränderungen setzten sich auf Weltniveau durch; sie basieren auf »kulturellen Autoritäten von weltweitem Rang« (Meyer/Mc Eneaney 1999, 179).

Daneben gibt es Stimmen, die die Möglichkeit der Festschreibung eines Bildungskanons ganz bezweifeln, weil sie davon ausgehen, dass eine Kanonisierung des Wissens, auch unter Bedingungen der Wissensgesellschaft, unmöglich ist. Ein Bildungskanon kann zwar noch formuliert werden, er wird jedoch nicht mehr Verbindlichkeit für alle Mitglieder der Gesellschaft stiften können. Zunehmend wird dabei das Ideal der Bildung durch das Einfordern von Wissen und Können (Kompetenzen) überlagert. Auch bemerken wir Tendenzen einer Verflüssigung des Kanons. In der Schule können wir feststellen, dass

> *»die inhaltliche Füllung des konstitutiven Gegenstandsbezugs schulischen Lernens [...] historisch kontingent und kulturell variabel (ist). [...] Alle paar Jahrzehnte werden bestimmte Fächer und Anforderungsbereiche sogar vollständig abgeschafft (Werken, Schönschreiben, [...]), verändert weitergeführt (von der Heimat- und Naturkunde zum Sachunterricht; [...]), stark zurückgedrängt (Latein/Griechisch) oder völlig neu eingeführt (Computerkurse; Pädagogik als Fach [...] der gymnasialen Oberstufe).«* (Terhart 1997, 23)

Daher wird jede Zeit neu danach fragen müssen, welche Lehr- und Lernleistungen von der Schule erwartet werden, welcher Kanon von Fächern dazu notwendig ist und wie eine Balance zwischen verbindlichem Wissen für alle (gemeinsame Kenntnisse, Fähigkeiten und Fertigkeiten) und individuellem Wissen, ausgehend von persönlichen Interessen, gefunden werden kann.

Nach *Heinz-Elmar Tenorth* (2000) wird in Gesellschaften, die nach dem Muster funktionaler Differenzierung organisiert sind, weniger in kanonisiertes Wissen, sondern in die Praktiken des Umgangs mit Wissen und der Wissenserzeugung, in Stile der Kultivierung, in kulturelle Prämissen der Kommunikation eingeführt. *Hermann Giesecke* (2002) plädiert für einen verbindlichen Fächerkanon, der sich am Ziel der Allgemeinbildung orientiert und in dem die Fächer ausweisen, welchen jeweiligen Wirklichkeitsbereich sie inhaltlich und methodisch erschließen.

Andere Autoren fordern einen verbindlichen Kanon resp. ein Kerncurriculum für alle Schulen, um Tendenzen einer Benachteiligung von Kindern und Jugendlichen durch ein unzureichendes Bildungsangebot entgegenzutreten. Sie gehen davon aus, dass ein Kerncurriculum einen gemeinsam geteilten Bestand an Wissen fundieren kann, für Schulen unter benachteiligten Bedingungen zum Instrument der Einforderung besonderer Ressourcen und für benachteiligte Kinder und Jugendliche eine Hilfe für die Sicherung ihres Zugangs zu den kulturellen Beständen einer Gesellschaft und für den Nachteilsausgleich sein kann (vgl. Böttcher/Kalb 2002).

Theorie – Praxis – Anwendung

Unterschiedliche Fassungen der Didaktik

In der bisherigen didaktischen Diskussion gibt es unterschiedliche Vorstellungen über die Didaktik. *Friedrich W. Kron* (1994, 43) hat in seinem Kompendium unter dem Titel »Grundwissen Didaktik« fünf Bestimmungen von Didaktik als Wissenschaft vorgestellt. Diese Bestimmungen umfassen nicht nur eine mehr oder weniger weite Fassung der Didaktik und ihrer Aufgaben; sie knüpfen auch an unterschiedlichen bildungstheoretischen und didaktischen Traditionen an. Kron nennt folgende Auffassungen:

> *»Didaktik sei Wissenschaft vom Lehren und Lernen*
> *Didaktik sei Theorie oder Wissenschaft vom Unterricht*
> *Didaktik sei Theorie der Bildungsinhalte*
> *Didaktik sei Theorie der Steuerung von Lernprozessen*
> *Didaktik sei Anwendung psychologischer Lehr- und Lerntheorien.«*
> (vgl. Kron 1994, 43)

Nach unserer Auffassung zielen die ersten beiden Bestimmungen auf das Nachdenken über Lehren und Lernen in unterschiedlichen institutionellen Zusammenhängen und auf ein Lernen, das durch Lehren ausgelöst und angeleitet wird und nicht autodidaktisch geschieht. Im Kontext der Herausbildung von Schulen für Kinder, Jugendliche und Erwachsene wird der organisierte Unterricht zum Gegenstand didaktischer Überlegungen. Von daher ist die Didaktik auf eine Theorie vom Unterricht und die ihn bestimmenden Faktoren angewiesen. Die dritte Bestimmung von Didaktik als Theorie der Bildungsinhalte nimmt die geisteswissenschaftliche Tradition des Nachdenkens über Zielsetzungen des gesamten Lehrplans und des Unterrichts auf; hier wird nach der Auswahl der Stoffe unter zu begründenden und auszuweisenden Leitideen (z.B. Bildung, Qualifikationen, Kompetenzen) nachgedacht. Die vierte Bestimmung ist technologisch oder handlungstheoretisch angelegt; sie fragt nach Möglichkeiten der Vorbereitung und Steuerung von Lernprozessen. Die fünfte ist stärker an den Erkenntnissen der pädagogischen Psychologie orientiert. Hier wird nach dem Beitrag der Wissenspsychologie für organisierte Lehr-Lernprozesse gefragt (vgl. Kron 1994, 42ff.).

Nach unserer Ansicht kann es nicht nur darum gehen, einzelne didaktische Traditionen zu referieren. Nachdem wir einzelne didaktische Modelle vorgestellt haben (Objekttheorien) und bevor wir einen eigenen Ansatz, die Integrative Didaktik, vorstellen, geben wir einen knappen Abriss einiger wissenschaftstheoretischer Grundlagen (Metatheorie). Ziel dabei ist es, sich über Werkzeuge zu verständigen, die es ermöglichen, wissenschaftliche Aussagen über die Welt, hier über den Unterricht zu bewerten, über die Angemessenheit und den Wahrheitsgehalt von Theorien und die Bildung geeigneter Begriffe zu argumentieren.

Wissenschaftstheoretische Überlegungen

Wissenschaftliche Erkenntnisse über die Welt unterscheiden sich von unserem Alltagswissen weniger durch die Inhalte, sondern vor allem dadurch, dass die Erkenntnisse systematisch geordnet werden und Wissenschaft sich darum bemüht, den Wahrheitsgehalt von Erkenntnissen unter Anwendung dafür geeigneter Methoden zu prüfen. Wir wollen uns daher über die Systematisierung von Wissen und über Methoden der Prüfung Gedanken machen.

Ziel wissenschaftlicher Erkenntnisgewinnung ist es, über einen Gegenstandsbereich angemessene Aussagen zu treffen, die zu einem Verständnis der Phänomene beitragen. Wissenschaft will untersuchen, zusammenstellen und beschreiben, was es gibt, verstehen, welche Zusammenhänge existieren und erklären, wie etwas zustande kommt, funktioniert oder hervorgebracht werden kann. Sie will Entwicklungen und Geschehnisse nicht nur im Nachhinein erklären, sondern auch Voraussagen machen oder Eingriffe in das Geschehen ermöglichen.

Eine Theorie ist die Erklärung eines Phänomens (Homan 1969). Sie macht Aussagen darüber, warum und unter welchen Bedingungen ein Phänomen auftritt. Das zu erklärende Phänomen wird dabei aus einer Folge von gültigen Aussagen über die Aspekte der Wirklichkeit hergeleitet, die als Bedingungsfaktoren oder Wirkmechanismen von Bedeutung sind. Theorien bestehen also aus Aussagen, die durch ihren Zusammenhang als Erklärung für ein Phänomen gelten können.

Der Erziehungswissenschaftler *Wolfgang Brezinka* unterscheidet drei Theorietypen. Die Erziehungswissenschaft fragt nach gesetzmäßigem Wissen über Erziehung und formuliert ein logisch geordnetes System von Aussagen. Charakteristisch sind Hypothesen, die als korrigierbar betrachtet werden. In einem unabschließbaren Prozess der Erkenntnisgewinnung entwickelt sie sich weiter. Die Erziehungswissenschaft formuliert keine Vorschriften für das Erziehen und ist frei von Werturteilen. Die Philosophie der Erziehung fragt nach Zielen und klärt moralische und erkenntnistheoretische Fragen. Die Praktische Pädagogik liefert eine für das praktische Handeln taugliche normative Theorie, in die Informationen, Wertungen und Handlungsanweisungen eingehen (vgl. Brezinka 1972, 13ff.).

Wege der Erkenntnisgewinnung

Wenn wir Aussagen oder *Sätze* über die Geschehnisse in der Welt formulieren, ist zu prüfen, ob wir in der Lage sind, damit einen Weltausschnitt zu erklären oder zu verstehen. In der Regel werden im pädagogischen Diskurs verschiedenartige Sätze und Aussageformen nicht deutlich unterschieden. Es stehen Behauptungen (über erstrebenswerte Ziele), Werturteile, Vorschriften (über erzieherisches Handeln und geeignete Organisationsformen) neben beschreibenden und erklärenden Aussagen (vgl. Brezinka 1972, 3f.). Daher scheint es uns notwendig, zunächst über verschiedene Satz- resp. Aussageformen nachzudenken, die in der Wissenschaft eine Rolle spielen, und sie voneinander zu unterscheiden.

- Eine *Definition* gibt eine Verwendungsregel für ein sprachliches Zeichen. Durch Definitionen werden keine Aussagen über die Beschaffenheit der Realität gemacht. Es kann definiert werden, wie das Wort Zauberer verwendet werden soll, ohne dass Zauberer in der Welt existieren.
- *Logische Sätze* sind Aussagen, deren Sinn bzw. Wahrheitswert ohne Prüfung an der Realität allein durch die Analyse der im Satz verwendeten Zeichen untersucht werden kann, z.B.: Wenn A=B und B=C, dann A= C.
- *Präskriptive Sätze* (normative Aussagen) bringen Vorschriften, Einstellungen oder Stellungnahmen zu Ereignissen zum Ausdruck.
- Bei *empirischen Sätzen* geht es um Aussagen über Objekte oder Verhältnisse der Realität.
- *Deskriptive Sätze* beschreiben Einzelereignisse in ihrer raumzeitlichen Festlegung.
- *Hypothetische Sätze* gehen darüber hinaus, weil Zusammenhänge formuliert werden, z.B. werden in Wenn-Dann-Aussagen oder Je-Desto-Aussagen zwei Allgemeinbegriffe miteinander verknüpft. Beispiele sind Aussagen von folgender Art: Wenn der Unterricht klar strukturiert und systematisch aufgebaut wird, dann findet in der Klasse ein großer Lernzuwachs statt. Je besser ein Lehrer erklären kann, desto größer ist der Lernzuwachs bei den Schülern.

Sätze/Aussageformen unterscheiden sich durch ihren Informationsgehalt, den Gültigkeitsanspruch, den Realitätsbezug, den Gültigkeitsbereich und die Überprüfbarkeit. Das bedeutet, dass der Informationsgehalt der Sätze unterschieden werden muss nach der Menge der Falsifikationsmöglichkeiten. Der Gültigkeitsanspruch der Sätze kann unter der Fragestellung geprüft werden, ob er durch Setzung, durch Definition, durch die Ableitung aus axiomatischen Überlegungen oder durch empirische Überprüfung gegeben ist. Bezogen auf den Realitätsbezug ist zu prüfen, inwiefern der Satz resp. die Aussage Begriffe enthält, die sich auf beobachtbare Phänomene beziehen. Sätze sollten unter logischen und/oder empirischen Gesichtspunkten überprüft werden.

Da in Theorien möglichst intersubjektiv nachprüfbare Aussagen über die Realität zu treffen sind, müssen als logische Voraussetzung in den Aussagen *Begriffe* mit eindeutigen Vorstellungsinhalten verwendet werden. Durch Explikation von Begriffen ist zu klären, was gemeint sein soll. Durch eine Operationalisierung ist anzugeben, durch welche Handlungen oder Forschungsoperationen festgestellt werden kann, ob ein durch den Begriff festgelegtes Phänomen vorliegt oder nicht.

Denk- und Forschungsmethoden, wie z.B. Induktion, Deduktion, Phänomenologie, Hermeneutik, empirisches Vorgehen beschreiben Wege, wie Erkenntnisse gewonnen werden. Erfahrungen durch Beobachtung und eigenes Handeln in einem Feld liefern das Ausgangsmaterial, um etwas zu problematisieren und nach systematischer Erkenntnis zu suchen.

Für die Didaktik als Wissenschaft gelten die Regeln, die für die pädagogische Forschung insgesamt angegeben werden. Als Ausgangspunkt des Forschungsprozesses wählen wir ein Problem. Es folgt die Hypothesenbildung oder die erste Formulierung einer Theorie und dann deren systematische Prüfung. Forschungsmethoden in der Erziehungswissenschaft sind u.a. geisteswissenschaftliche Methoden wie die Hermeneutik (vgl. Beckmann 1978), die Empirie (Roth 1978) und die Ideologiekritik (Klafki 1978).

In der geisteswissenschaftlichen Tradition geht es darum, die Erziehungswirklichkeit in ihrem Sinngehalt zu verstehen (Hermeneutik). In der hermeneutisch-pragmatischen Theoriebildung soll die Sinnvergewisserung über die Erziehungswirklichkeit und das angemessene Handeln erfolgen.

Wir sprechen von Ideologie, wenn wir vermuten, dass Menschen aufgrund ihres sozialen oder politischen Standorts eine spezifische Weltsicht durch eine einseitige Auswahl und Interpretation von Tatsachen entwickeln. Ideologien verhelfen ihren Anhängern zu einem Gefühl der Zugehörigkeit und zu kurzfristiger Verhaltenssicherheit. Durch Ideologiekritik soll die standortgebundene Aspektstruktur von Auffassungen, Konzepten, Weltsichten oder Theorien analysiert werden. Besteht der Ausgangspunkt einer Untersuchung etwa in der Sichtung von Alltagsauffassungen der Menschen über Geschehnisse, kann es für das Verständnis erhellend sein, die verwendeten Konzepte zur Ordnung der Geschehnisse ideologiekritisch daraufhin zu befragen, welche anderen Ordnungen prinzipiell möglich wären oder welche anderen Ordnungen von anderen Personengruppen verwendet werden.

In der empirischen Forschungstradition wird versucht, nomologisches Wissen zu gewinnen, d.h. Gesetzesaussagen über Zweck-Mittel-Zusammenhänge oder über Kausalzusammenhänge zu gewinnen. Es geht um die Formulierung von Hypothesen und deren Überprüfung. Erklärung und Prognose werden angestrebt. Durch Methoden wie z.B. Beobachtung, Befragung und Experiment werden die Hypothesen auf ihre Gültigkeit geprüft.

Wissenschaftliche Aussagen setzen methodisch kontrollierte Erkenntnisse voraus. Verschiedene Erkenntnisfelder lassen sich mit jeweils unterschiedlichen Methoden besser bearbeiten.

Wenn wir die vorgestellten Überlegungen zusammenfassen, kommt es darauf an, Aussagen, die in didaktischen Modellen oder Theorien verwendet werden, auf ihre Gültigkeit zu überprüfen und dafür angemessene Forschungsmethoden zu verwenden. In der Didaktik gibt es Aufgaben, zu deren Klärung die hermeneutische Methode besonders geeignet ist. Es gibt auch die Suche nach Gesetzesaussagen, die empirisch zu bearbeiten sind, und es sind Wertentscheidungen zu treffen.

Es ist ein Unterschied, ob der Gegenstand der Forschung aus natürlichen oder gesellschaftlichen, institutionellen oder kulturellen Gegebenheiten besteht, die Gesetzmäßigkeiten aufweisen oder ob ich Artefakte untersuche, z.B. literarische Werke, geschichtliche Abläufe oder die Art, wie Personen Schule halten.

Didaktische Theorie und Anwendung von Wissenschaft

Nach unserer Auffassung ist es wichtig, eine didaktische Theorie zu entwickeln, die Lehrerinnen und Lehrer nicht nur über intersubjektiv nachprüfbare Sätze über den Wirklichkeitsausschnitt Lehren und Lernen informiert (vgl. Brezinka 1972, 34), sondern sie zum kompetenten Lehren und zum Arrangieren von Lehr-Lernprozessen befähigt, d.h. es geht nicht nur um Begriffsbildung über Unterricht, sondern um den Aufbau von Handlungskompetenzen, um die Fähigkeit zu planen, zu beobachten, zu analysieren und zu reflektieren, um die Fähigkeit, Lernprozesse im Unterricht anzulegen, zu überwachen und zu sichern und weitere Prozesse im Unterricht (z.B. Interaktion und Kommunikation, Bearbeitung von Konflikten) zu steuern. Konzeptionelles didaktisches Wissen ist mit dem Ziel der Befähigung zum Handeln aufzubauen. Es geht also um das Erforschen der Bedingungen für das Anstreben und Erreichen von Lernzielen, um die Verwirklichung von Lernprozessen mit dem Ziel des Aufbaus von Kompetenzen.

Basierend auf dem von *Harald Riedel* entwickelten tripolaren Modell, das die Zielbereiche Theorie, Technologie und Praxis berücksichtigt, wobei der Stellenwert des Zielbereiches Technologie der eines Mittlers ist, versuchen wir ein Modell zu entwickeln, das dabei hilft, über Denken, Können und Handeln nachzudenken.

> »*Theorie umfasst Wissen und Denkmodelle, die objektiv und regelhaft sind, Technologie umfasst Verfahren, die angewendet werden können, um Veränderungen zu schaffen. Diese sind auf den von der Theorie gelieferten Gesetzmäßigkeiten aufgebaut. Die Praxis umfasst mehr als die Technologie. Sie bezieht aus der Theorie Inhalte, Ziele und Wertvorstellungen und aus der Technologie Verfahren zur Veränderung gegebener Situationen. Das Handeln, das in der Praxis geschieht, ist bestimmt durch Ziel- und Wertvorstellungen, im Bereich des Unterrichts durch den Lehrenden und Lernenden.*« (Schnaitmann 1996, 19)

Wir werden ein didaktisches Modell vorstellen, das nicht nur Erklärungs- und Reflexionswissen (Theorien im Sinne von Aussagen über die Bedingungen für das Zustandekommen von Phänomenen) liefert, sondern Wissensbestände, die Zweck-Mittel-Relationen formulieren, »also Aussagen darüber machen, was getan werden kann, um bestimmte Zustände zu erzeugen« (Mischke 2002, 124). Es geht also – basierend auf handlungstheoretischen Überlegungen – um die Möglichkeit der Gestaltung von Praxis durch die Bereitstellung technologisch verwendbarer Sätze und durch Versuche einer rationalen Steuerung von Handeln.

Wir gehen davon aus, dass das Wissen über Unterricht und Lehr- und Lernprozesse und ihre Bedingungen und Gesetzmäßigkeiten allein keine hinreichende Information darüber liefert, wie etwas hergestellt werden kann, geschweige denn soll.

Wolfgang *Brezinka* verdeutlicht, dass bei der technologischen Verwendung einer Theorie die Situationsbedingungen und Instrumente, die zu gewünschten Konsequenzen, d.h.

> *»zum Eintreten des in der Zielsetzung beschriebenen Zustandes führen«* (Brezinka 1972, 85),

gesucht werden.

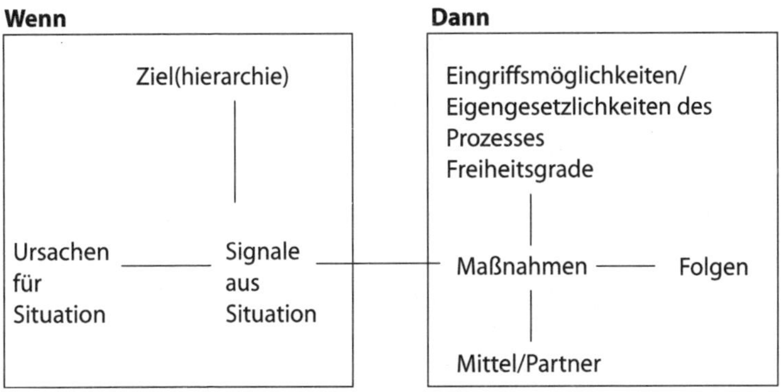

Abb. 4: Gegenstandsmodell für tätigkeitsreguliertes Wissen, nach Hacker 1992

Die Erziehungswissenschaft kennt bislang wenig explizit formulierte und geprüfte technologische Theorien. Die empirischen Erkenntnisse sind in der Regel überprüfte Hypothesen über Wenn-Dann-Beziehungen. Diese sind nicht umstandslos in Handlungen umzusetzen.

Bei der Frage nach dem Verhältnis von Erkenntnissen und Handlungsmöglichkeiten gehen wir mit *Rainer Bromme* und *Eckard Hömberg* (1976) davon aus, dass beim Vorliegen einer Gesetzmäßigkeit zunächst die Umformulierung in eine technologische Regel nötig ist. Der Satz: »Wenn A, dann B«, muss in die Form: »Soll B sein, kann dies durch A bewirkt werden«, gebracht werden.

Äquivalenzprüfung

Will man für das Unterrichten technologische Regeln entwickeln, ist es wichtig, die gesellschaftlich oder individuell gemeinten Ziele als identisch mit bestimmten, durch wissenschaftliche Begriffe bezeichnete Sachverhalte zu erkennen und die in der Theorie benannten Maßnahmen so zu realisieren, dass die durchgeführte Handlung der von der Theorie geforderten tatsächlich entspricht. Diese Konstruktion von – den Begriff erfüllenden – Maßnahmen und die Zuordnung des Zielzustandes als ein Exempel des von der Theorie gemeinten Typs, wird als Äquivalenzproblem bezeichnet. Diese Zuordnungsaufgabe kann schwer zu lösen sein, weil die Theorie unzureichend operationalisierte Begriffe verwendet oder weil die Person die Regeln nicht angemessen anwendet. Selbst bei gelungener Äquivalenzbestimmung bleibt neben der Klarheit der Erkenntnisoperationen noch das Problem der situativen Passung bestehen, für die eine kreative Umsetzung nötig ist.

Nur die Prüfung des Gelingens (Evaluation) erlaubt eine Aussage darüber, ob das technologische Eingreifen erfolgreich war. Erfolgreiche Technologie liefert keine zwingenden Erkenntnisse der Richtigkeit von Gesetzen. Umgekehrt gilt auch, dass eine fehlgeschlagene technologische Umsetzung nicht die Gesetzesaussage falsifiziert, aus der die technologische Regel abgeleitet wurde.

Grundwissen der Profession

Von einer Profession kann dann gesprochen werden, wenn von einer für eine Aufgabe spezialisierten Berufsgruppe in einem Funktionssystem die Bearbeitung von Strukturveränderung, Strukturaufbau und Identitätserhaltung praktiziert wird. Dabei werden typische kulturelle Traditionen und Problemperspektiven genutzt.

Die Erziehungswissenschaftler *Arno Combe* und *Werner Helsper* verdeutlichen, dass professionelle pädagogische Praxis durch ein Technologiedefizit gekennzeichnet und daher mit Ungewissheitshorizonten belastet ist. Für Lehrkräfte als Professionelle stellt sich die Aufgabe, im Schul- und Bildungssystem als Funktionssystem der Gesellschaft typische Probleme durch Interpretation und Bearbeitung zu bewältigen. Lehrkräfte nehmen dabei eine intermediäre Stellung zwischen dem Gut »Bildung – Qualifikation« (also einer Sachaufgabe) und den ungebildeten und nicht qualifizierten Schülerinnen und Schülern (ihrer Klientel) ein. Die professionellen Praktiker arbeiten also als Vermittler zwischen diesen Welten. Wenn wir davon ausgehen, dass Lehrerinnen und Lehrer als Professionelle sich der besonderen Aufgabe der Initiierung der Schülerinnen und Schüler ins Lernen und der Vermittlung von Bildung und Qualifikationen widmen, benötigen sie dafür ein spezialisiertes Wissen: die Didaktik (vgl. auch Bernfeld 1990, 18ff.). Dazu gehören eine didaktische Fachsprache und Handlungswissen zur Bearbeitung der gesellschaftlich relevanten Unterscheidung »gebildet/ungebildet« resp. qualifiziert/nicht qualifiziert.

Professionen sind in besonderer Weise herausgefordert, ihr Wissen zu überdenken und weiter zu entwickeln und sich über ihre Arbeit, deren Bedingungen, Handlungsgrundlagen und Handlungsmöglichkeiten Rechenschaft abzulegen (Combe/Helsper 1996, 21).

Weil Lehrkräfte zunehmend Konkurrenz erhalten durch hoch standardisierte und leicht konsumierbare Formen der Wissensvermittlung, ist eine reflexive Vergewisserung ihrer Tätigkeit und die Verdeutlichung des besonderen Wissens der Profession notwendig. Aus Erfahrung gewonnenes Professionswissen (Regeln, wie man etwas macht) ist neben wissenschaftlichem Wissen eine Basis des beruflichen Handelns; hier ist allerdings an die Prüfung der Gültigkeit zu denken.

Bei der Analyse professionellen Handelns einzelner Personen oder auch von Personengruppen kann gefragt werden, welches Professionswissen (mit oder ohne methodische Überprüfung) verwendet, welches nomologische Wissen für relevant gehalten und in welcher Weise in technologische Regeln umgeformt wird, welche normativen Aussagen, mit welcher Art von Begründung bzw. Legitimation für gültig gehalten werden.

Bei der Analyse didaktischer Theorien als Grundlage des Wissens der pädagogischen Professionellen kann gefragt werden, welche Typen von Aussagen über die Wirklichkeit gemacht werden, wie das System der Aussagen beschaffen ist und wie die Verknüpfung mit empirischen Befunden geschieht.

Wissen und Können

Die folgenden Überlegungen helfen, die Grundlagen zu legen für eine Einordnung der Bedeutung von institutionellen und individuellen Lernprozessen in die Entwicklung von Menschen und für die Rollendefinition von Lehrpersonen.

Kinder, die eine Schule besuchen oder Erwachsene, die zur Volkshochschule gehen, verändern sich. Diese Veränderungen während oder nach dem Aufenthalt in einer Bildungsinstitution schreiben wir im Fall positiv bewerteter Veränderungen gerne der Einwirkung der Institution und deren speziellem Angebot (z.B. dem Unterricht) zu. Wir wissen aber, dass auch außerschulische Instanzen wie Elternhaus, Medien oder Gleichaltrige als Wirkfaktoren der Veränderung oder als moderierende Variablen zu berücksichtigen sind. Die jeweiligen Anteile lassen sich erforschen (vgl. Deutsches PISA-Konsortium 2001).

Auffallend ist der Wechselwirkungscharakter der an der Veränderung beteiligten Faktoren. Die Zwecke von Bildungseinrichtungen werden daher nur erreicht, wenn es zumindest partiell zur Mitwirkung der zu verändernden Person kommt.

Schon der oberflächliche Blick zeigt, dass die Veränderungen ganz unterschiedlicher Art sein können. Eine Person kann sich insgesamt verändern, z.B. auf einem anderen qualitativen Niveau operieren, oder es kann ein Zuwachs an spezifischen Kompetenzen erfolgen. Folgen wir den in der kognitiven Psychologie üblichen Unterscheidungen, kann von Stufen der Entwicklung oder von Wissens- oder Fertigkeitserwerb gesprochen werden. Alle diese Veränderungen können auch in Gesellschaften beobachtet werden, die Schule als Institution in der uns bekannten Form nicht kennen; Veränderungsmöglichkeiten sind dem Menschen als Gattung eigen; sie können von der Institution genutzt werden.

Menschen sind so ausgestattet, dass sie im Vollzug von Alltagshandlungen zur Befriedigung von Lebensbedürfnissen sich Wissen und Können aneignen können. Lernfähigkeit ist ein Bestandteil der biologischen Ausstattung der Gattung Mensch.

Die Analyse der Handlungen lässt erkennen, welche Arten von Lernen möglich und notwendig sind, um zu überleben, z.B. Optimierung einer erfolgreichen Handlungsausführung, Erwerb eines inneren Modells der Außenwelt, Erkennen, welche Ziele in welcher Situation erreichbar sind, Wissen über das eigene Funktionieren.

Die biologischen Gegebenheiten können erkannt und durch gezielte Nutzung optimiert werden. Lernen auf Vorrat zur Bewältigung künftiger Situationen wird so möglich. Beispiele sind die Entwicklung von Sprache, Schrift und Mathematik. Als allgemeine Werkzeuge des Intellekts können sie der Person beim Aufbau von Wissen und der Entwicklung von Handlungsmöglichkeiten dienen. Sie sind dennoch kollektive Leistungen einer menschlichen Gruppe und statten den Nutzer mit Lernmöglichkeiten aus, die besser sind als die individuellen, nur durch eigene Erfahrung gegebenen, situativen Lernmöglichkeiten eines einzelnen Individuums.

Der Entwicklungspsychologe *Jean Piaget* (1896-1980) zeigte am Beispiel der kindlichen Entwicklung und durch empirische Untersuchungen, dass das kindliche Denken verschiedene Entwicklungsstufen durchläuft und auf der jeweiligen Stufe ein bestimmtes qualitatives Niveau hat. Er legte Hypothesen darüber vor, wie sich diese Entwicklung vollzieht (Akkomodation, Assimilation, Äquilibration, Kreisprozesse) und untersuchte Entwicklungsverläufe in einzelnen Domänen, so z.B. das Verhältnis von Raum und Zeit, das Kausalverständnis, die Entwicklung des Zahlbegriffs und des sozialen Verstehens.

Jean Piaget nahm durch seine Forschungen und Theorien über das Konzept des Lernens und der Entwicklung die Eigenaktivität der Person beim Aufbau ihres Weltwissens und ihres Könnens in den Blick. Eine Person wendet ihr jeweiliges Wissen und Können auf die Welt an; im Versuch des Handelns macht sie die Erfahrung des Gelingens oder Misslingens. Sie versucht, ihre Handlungen den Gegebenheiten anzupassen. Die Person konstruiert ihr Wissen und Können in der Auseinandersetzung mit der Welt selbst. Als Ergebnisse des Handelns entwickeln sich die intellektuellen, motorischen, sozialen und selbstreflexiven Fertigkeiten der Person.

Beim Erwerb von kulturellen Techniken wie Sprache und Schrift ist eine Abkürzung der Lernwege möglich; ein Kind kann z.B. ohne eigene Erfahrung lernen, wenn es durch sprachliche Vermittlung den optimalen Handlungsweg erfährt. Auch wenn die ursprüngliche Bindung an eigenes Handeln sich dadurch lockert, bleibt der Aufbau von Wissen und Können eine persönliche Konstruktion, denn die Person muss die Informationen in ihr eigenes kognitives System aktiv übernehmen (David Ausubel).

Die Fähigkeit zur Selbstbeobachtung und Selbstreflexion führt zur Ausbildung von Selbstbewusstsein und zur Entwicklung metakognitiver Kompetenzen und erlaubt die Anwendung von Lern- und Denkstrategien.

Für die Fähigkeit, Probleme aufgrund vorhandenen Wissens und Könnens zu lösen, ist die Struktur des Wissens von großer Bedeutung (Hacker 1992). Gelingt die Vernetzung mit anderen Wissensbeständen nicht, ist Wissen nur lokal nutzbar. Es entsteht träges Wissen, der Transfer auf andere Anwendungsmöglichkeiten ist nicht gegeben. Untersuchungen zur funktionalen Gebundenheit beim Denken (Duncker 1963) zeigen, dass starre Erfahrungsbildung zu einer Denkbehinderung führen kann. Werden Gegenstände immer nur gleichartig verwendet, entsteht eine psychologische Repräsentation dieses Gegenstandes, die bei einer Problemlösung verhindert, dass andere auch vorhandene Eigenschaften dieses Gegenstandes im kritischen Falle genutzt werden können.

Zur Lösung von Problemen ist deklaratives Wissen (Wissen über Sachverhalte) ebenso nötig wie zusätzlich heuristisches Wissen (Wissen über den Umgang mit Wissensbeständen). Die Erfahrung von erfolgreichen Problemlösungen baut nicht automatisch heuristische Strukturen auf. Schlechte Lerner sind so mit der Handhabung der Inhalte beschäftigt, dass sie dabei nur in geringem Umfang die Prozesse reflektieren und daher nur wenig metakognitives Wissen und damit Heuristiken erwerben können. Unterstützt die Lehrkraft diese Reflexion durch Hinweise auf die Strukturen und Strategien, können diese auch von schwachen Lernern erworben werden.

Werden Informationen bereitgestellt, z.B. durch Texte, Aufgaben oder Lösungsbeispiele, bleibt für die Lernende oder den Lernenden trotzdem die Aufgabe, durch Verwendung geeigneter Informationsverarbeitungsprozesse dieses potenzielle Wissen in das eigene Wissenssystem einzuarbeiten. Schon Jean Piaget zeigte, dass erlebte Diskrepanzen, also erwartungswidrige Ereignisse, lernwirksam sind. Durch gezielte Nachfrage und Bitte um Explikation kann die Lehrkraft auch bei einer Person, die diese Diskrepanzen selbst nicht erkennt, diesen Entwicklungsmotor für den Erkenntnisaufbau nutzen.

Erwerbsprozesse von Wissen und Fertigkeiten

Viele Wissensbestände und Fertigkeiten können ohne eigene Erfahrungen im Zuge des Modelllernens erworben werden. Wenn eine erfahrene Person ihre internen Steuerungsprozesse bei der Bearbeitung einer Aufgabe oder der Durchführung einer Handlung offen legt, kann eine Person, die über hinreichendes Vorwissen verfügt, dieses Wissen direkt erwerben. Die Ausführung ist nur noch wichtig, um durch den erlebten Erfolg die Komponente Selbstwirksamkeit zu aktivieren, also zu wissen, dass die Handlung erfolgreich vollzogen werden kann. Da die Funktion des Lernens sich nicht so leicht abschalten lässt, ist immer auch mit der Möglichkeit des beiläufigen Lernens zu rechnen. *Jean Lave* und *Etienne Wenger* (1995) wiesen nach, dass bei Lernprozessen zum Erwerb von Handlungsfähigkeit in der Praxis die den Novizen schrittweise zugestandene Berechtigung zur Teilnahme an verantwortlichem Handeln eine wichtige Komponente des Lernens ist, da das Anrecht auf Verantwortung motivierende Wirkung hat.

Wissen und seine Prüfbarkeit

Mit der Konzeption der Metakognition ist die Idee der Überprüfung von Verstehen und der Kontrolle des Wissens und des Erwerbsprozesses eng verbunden.

Mit zunehmender Beschäftigung mit Formen des Wissens (z.B. Alltagswissen, wissenschaftliches Wissen) entwickelt sich bei der einzelnen Person oder – historisch betrachtet – auch bei der Menschheit zunehmend die Einsicht in die Notwendigkeit der Prüfung von Wissen auf Angemessenheit und Richtigkeit. Glaube und Dogmatismus weichen der Akzeptanz der Vorläufigkeit von Wissen.

Überlegungen zum Konstruktivismus – Ein Exkurs

Wissen ist zwar immer strukturell hypothetisch und nur die Falsifizierung ist aussichtsreich (Popper), aber das Ziel des Wissenserwerbs besteht in intersubjektivem Wissen und möglichst richtiger Erkenntnis der Welt oder dem Verstehen von Texten, kulturellen und technischen Erzeugnissen oder anderen Personen. Das zu lösende Problem endet also nicht mit dem konstruierten Wissen in den Köpfen der einzelnen Personen, sondern es umfasst auch das Problem der Intersubjektivität und der Prüfbarkeit von Wissen mit intersubjektiv akzeptierten Methoden.

Wissenschaftstheorie lehrt, dass Wissenschaft von intersubjektiv akzeptierten Basissätzen, also Aussagen über die Beschaffenheit eines Weltausschnitts ihren Ausgang nimmt. Die Analyse der Beobachtungsfehler und das Methodenrepertoire zu ihrer Verminderung zeigt den Lösungsweg auf. Es gibt zwar keine absolute Sicherheit, aber genügend genaue Annäherungen, um Wissenschaft und Technik zu entwickeln. Die Möglichkeit, Logik und Argumentationstheorie zu entfalten, zeigt auf der Ebene der Aussagen, welche sozialen Konstruktionen Menschen entwickeln, um – trotz der individuellen Konstruktion von Wissen und Erkenntnis – diese in einem sozialen Raum zu prüfen.

Radikaler Konstruktivismus ignoriert die Tatsache dieser gemeinschaftlichen Bemühungen um die gemeinsame Konstruktion und die Möglichkeit der Prüfbarkeit von Wissen, z.B. durch Anwendung.

Auch die neuere Erforschung von Prozessen des Verstehens (sowohl von Texten als auch des interpersonalen Verstehens) und Untersuchungen zu frühkindlicher Kommunikation zwischen Mutter und Kind zeigen auf, dass der Mensch sehr wohl diese Leistung des Verstehens vollziehen kann und das der einzelne Mensch nur eingebettet in diese Möglichkeit des Verstanden-Werdens sich zu einem mutigen Konstrukteur individuellen, aber prinzipiell prüfbaren Wissens entwickeln kann.

Angesichts dieser Erkenntnisse ist die theoretische Preisgabe der Möglichkeiten zur Intersubjektivität und der sozialen Konstruktion von Wissen kein erkenntnistheoretischer Fortschritt, sondern nur eine Theorie, die von der Mühsamkeit des Verstehens und der Prüfung entlastet und kontrafaktisch deren Unmöglichkeit zum Dogma erhebt. Dogma statt Erfahrung hat eine ehrwürdige Tradition und entsteht immer dort, wo die Mühe der Auseinandersetzung gescheut wird oder absichtlich behindert werden soll.

Die soziale und individuelle Konstruktion von Wissen und Können ist in enger Abhängigkeit zu stützender Kompetenzen zu denken. Kann ein Kind nicht in ausreichendem Maße Formen der Selbstregulation entwickeln, wird es in Lernsituationen weniger Erfolge erreichen als besser regulierte Kinder. Die Fähigkeit zur Selbstregulation muss in der individuellen Entwicklung entfaltet werden und ist ein beiläufiges Lernprodukt der Sozialisation in Familie und Schule. Wird Selbstregulation dabei nicht ausreichend vermittelt und kann das Kind daher nicht mit genügend Erfolg an institutionellen Lernprozessen teilnehmen oder ist es sogar in Situationen mit Gleichaltrigen auffällig, dann ist an ein gezieltes Training der selbstregulativen Fertigkeiten zu denken.

Die integrative Didaktik

Die integrative Didaktik als umfassende Theorie

In der Entwicklung der Didaktik sind unterschiedliche Theorieentwürfe (von Martial 1996) entstanden, die mehr oder weniger in Konkurrenz zueinander stehen. Es ist nicht möglich, sich mit wissenschaftlichen Methoden sinnvoll für das eine oder andere Modell als das bessere zu entscheiden. Jedes Modell enthält Aspekte, die bedeutsam sind; jedes richtet seine Aufmerksamkeit auf unterschiedliche Aspekte des Unterrichts. Sie haben nicht den gleichen Gegenstand, da sie verschiedene Faktoren des Unterrichts in den Mittelpunkt ihrer Theoriebildung stellen. Eine sinnvolle Alternative zur Entscheidung zwischen den vorhandenen Konzeptionen ist daher die Integration der verschiedenen Aspekte und Aufmerksamkeitsrichtungen in einer Theorie, die den Gegenstand so fasst, dass alle konkurrierenden Überlegungen darin ihren Platz erhalten können. Einander widersprechende Aspekte können im Rahmen dieser Theoriekonstruktion dann mit logischen oder empirischen Mitteln überprüft, erkannt und ausgeschieden werden. Wir wollen hier eine solche integrative Didaktik entwerfen und erörtern, inwieweit es gelingen kann, die unterschiedlichen Modelle und Theorien als Aspekte einer umfassenderen Theorie zu entfalten. Um die Integration nachvollziehbar zu machen, sollen zunächst einige Rahmenkonzepte vorgestellt werden, die Grundlage dieses Integrationsversuchs sind.

Die integrative Didaktik als Handlungstheorie

Die didaktische Theorie soll das Handeln von Lehrerinnen und Lehrern und Schülerinnen und Schülern in Lehr- und Lernsituationen beschreiben und erklären. Handeln als besonders hoch entwickelte Form menschlicher Aktivität geht davon aus, dass Menschen sich aktiv für die Verfolgung von Zielen in den gegebenen oder antizipierten Situationen entscheiden, für das Verfolgen der Ziele aus verschiedenen Handlungsmöglichkeiten die geeigneten auswählen und kontrolliert ausführen. Sie nutzen dabei ihr verfügbares Wissen über die Relation von Ziel und Mittel und über die Steuerung der eigenen Aktivitäten. Didaktische Theorie hat dabei vornehmlich Lernhandlungen im Blick, die gezielt erfolgen. Die Lernprozesse, die im Verfolgen solcher Handlungen, die nicht das Lernen bezwecken, als Nebenfolge auftreten, werden unter dem Stichwort beiläufiges Lernen theoretisch erfasst und sind zu berücksichtigen.

Die integrative Didaktik, perspektivisch angelegt

Lernen in einem institutionellen Rahmen muss die Kontextwirkungen der Institutionen für die Handlungen der Akteure thematisieren und die Rolle der Interaktion zwischen Lehrkraft und Kindern und Jugendlichen und Schülerinnen und Schülern untereinander bedenken. Die Theorie soll so konstruiert sein, dass sie perspektivisch genutzt werden kann, d.h. einmal als Theorie, die angemessenes zielorientiertes Lehrerhandeln ermöglicht und andererseits die Schülerhandlungen in der lernwirksamen Interaktion berücksichtigt und die Schülerperspektive zu verstehen erlaubt.

Der handlungstheoretische Ausgangspunkt macht deutlich, warum die Kategorie des Plans eine zentrale Rolle bekommt. Handlungen setzen Pläne voraus. Eine Theorie, die Handlungen erklären will, muss zeigen, wie Pläne entstehen und ausgeführt werden. Die psychologische Handlungstheorie zeigt, dass Pläne von sehr unterschiedlicher Qualität sein können.

Qualitäten eines Plans

Die angemessene Qualität eines Plans ist dann gegeben, wenn die Ziele genügend klar gesetzt und die Unterziele ausgearbeitet sind, wenn die Situationswahrnehmung der handelnden Person alle relevanten Aspekte umfasst, wenn die intendierten Handlungsteile der Situation angepasst zielführend und ausführbar sind und ein ausreichendes Maß an Ausführungskontrolle ausgeübt werden kann.

Modell und Realität

Gute Pläne kann eine Person nur entwickeln, wenn ihr mentales Modell der Situation genügend Details und die relevanten Strukturen der Realität enthält und in angemessen komplexer Weise Entwicklungs- und Veränderungsmöglichkeiten abbildet. Eine Didaktik muss die Informationen für den Aufbau eines mentalen Modells geben, dass durch geprüftes Wissen über relevante Aspekte der Unterrichtswirklichkeit und des Lehrerhandelns die Durchführung qualitativ guten Unterrichts ermöglicht.

Basismodelle des Lernens und Sichtstrukturen

Ein besonders wichtiger Teil eines mentalen Modells beim Unterrichten besteht aus den Konzepten zum Lernen. Hier soll die Konzeption von Fritz Oser und Franz J. Baeriswyl (2001) aufgegriffen werden. Bei der erfolgreichen Planung von Lernarrangements sind nach deren Vorstellungen die dem Gegenstand und den Bedingungen der Lernenden angemessenen Grundstrukturen des Lernens (Basismodelle) zu berücksichtigen, und es wird eine diese Bedingungen erfüllende Sichtstruktur des Unterrichts geplant und erzeugt.

Struktur des Wissens

Das Modell soll weiterhin berücksichtigen, dass Wissen nur dann in Handlungen umgesetzt werden kann, wenn die Wissensstruktur den dafür notwendigen Ordnungsgrad aufweist (vgl. Hacker 1992).

Veränderungswissen

Da Lernen durch geeignete Handlungen von Lehrkräften und von Schülerinnen und Schülern stattfindet, müssen Lehrkräfte und Schülerinnen und Schüler über Wissen verfügen, das die möglichen Maßnahmen zur Überführung einer Situation A in eine Situation B, also Veränderungsmöglichkeiten beschreibt. Veränderungswissen wird auch für die Steuerung der Interaktion benötigt, z.B. um eine Entscheidung zu ermöglichen.

Lernsituationen

Die hier vorzustellende Integrationstheorie soll außerdem so beschaffen sein, dass sie alle im Rahmen der Institutionen auftretenden Lernsituationen zu erklären und zu verstehen erlaubt. Auch die im späteren Leben ohne institutionelle Stützung auftretenden Selbstlernsituationen sollen von der Theorie erfasst werden, da auf die spätere Unabhängigkeit der Lernenden und ihre Loslösung von Lehrkräften die Schule ja vorbereiten soll. Wenn der angezielte Endzustand von der Theorie nicht gedacht werden könnte, würde die Prüfmöglichkeit fehlen, um die Angemessenheit der Zwischenschritte zu erfassen.

Die Theorie muss sich auf so unterschiedliche Situationen anwenden lassen, wie z.B. auf folgende: Eine Lehrkraft führt ein Unterrichtsgespräch mit einer Schülergruppe oder mit einzelnen Schülerinnen und Schülern zur Problembearbeitung; die Schülerinnen und Schüler arbeiten in Gruppen oder einzeln im Internet; ein einzelner Schüler arbeitet mit einem Lernprogramm oder Buch.

Die Theorie wird als Instrument professionellen Wissens und Handelns von Lehrerinnen und Lehrern entfaltet und enthält daher die Schülersicht als Teil der von der Lehrkraft beim Planen zu berücksichtigenden Situation. Es kann daraus auch eine Theorie des schulischen Lernens aus der Handlungsperspektive der Schülerinnen und Schüler durch einen Perspektivenwechsel entwickelt werden. Diese Theorie würde dann die optimale Nutzung der schulischen Angebote durch die Interaktion mit der Lehrkraft und den

Mitschülerinnen und Mitschülern für den Aufbau von Wissen und Können, den Strategieerwerb und die Strategienutzung durch die einzelne Schülerin resp. den einzelnen Schüler zu verstehen erlauben.

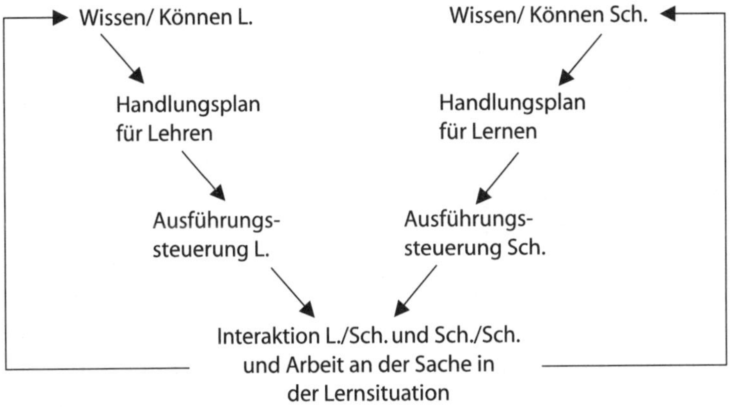

Abb. 5: Theorie des schulischen Lernens aus der Handlungsperspektive von Lehrkräften und Schülerinnen und Schülern

Diese Überlegungen machen deutlich, dass in einer Unterrichtssituation aus der Interaktion zwischen Lehrkraft und Schülerinnen und Schülern nur dann die optimale Lernsituation sich entfaltet, wenn beide zueinander passende Handlungspläne verfolgen.

Eine Theorie, die Handlungen zur Erzeugung lernwirksamen Unterrichts beschreibt, muss die in der folgenden Begriffslandkarte aufgezeigten Komponenten enthalten.

Die Begriffslandkarte (vgl. Abbildung 6: Begriffslandkarte zur integrativen Didaktik) zeigt die Struktur im Überblick und listet die relevanten Aspekte auf. In einer Detaildarstellung sind diese Aspekte zu entfalten und es ist zu fragen, welche Wissensbestände jeweils vorliegen und genutzt werden können.

Diese Konzeption ähnelt der handlungsorientierten Didaktik von *Georg W. Becker* (1984), die in der Darstellung des Berufsfeldes von Lehrerinnen und Lehrern die zentralen Arbeitsfelder Planung, Durchführung und Auswertung unterscheidet. Der Unterschied unserer integrativen Didaktik zu Beckers Konzeption besteht darin, dass Becker in der Sicht der handelnden Lehrkraft befangen bleibt. In unserer Theorie wird die Verknüpfung der Realebene des Unterrichtsgeschehens aus Schüler- und Beobachtersicht mit der Sicht der Handlungsplanung, der Ausführungssteuerung und Erfolgswahrnehmung durch Lehrkräfte beschrieben und erklärt.

Komplexe Modelle führen oft zu einer Überforderung ihrer Nutzerinnen und Nutzer. Bei der Organisation von Lernprozessen von Lehrkräften mit dem Ziel des Theorieerwerbs und der Theorienutzung in der Praxis ist daher die Unterscheidung zwischen einer angemessenen Theorie des Gegenstandsbereichs lernwirksamer Unterricht und den psychologischen Prozessen der Theorie- resp. Modellnutzung nötig. Hier wird vorgeschlagen, die integrative Didaktik in ihrer Grundstruktur und in ihren Erweiterungsmöglichkeiten zu denken.

Bei Prozessen der Planung und Steuerung wird mit einer bestimmten Zentrierung und einem spezifischen Auflösungsgrad operiert. Bei auftauchenden Problemen wird der Brennpunkt der Aufmerksamkeit umzentriert und bereichsspezifisch feiner aufgelöst; so können kleinere Details in der Situation wahrgenommen und verarbeitet werden. Diese Überlegungen verdeutlichen, warum Theoriekenntnisse allein nicht handlungsfähig machen. Erfahrungsbildung bei der Handlungssteuerung in der Praxis, Übung und Automatisierung sind nötig, um die Umzentrierungsprozesse und den Wechsel des Auflösungsgrades als professionelle Kompetenzen aufzubauen.

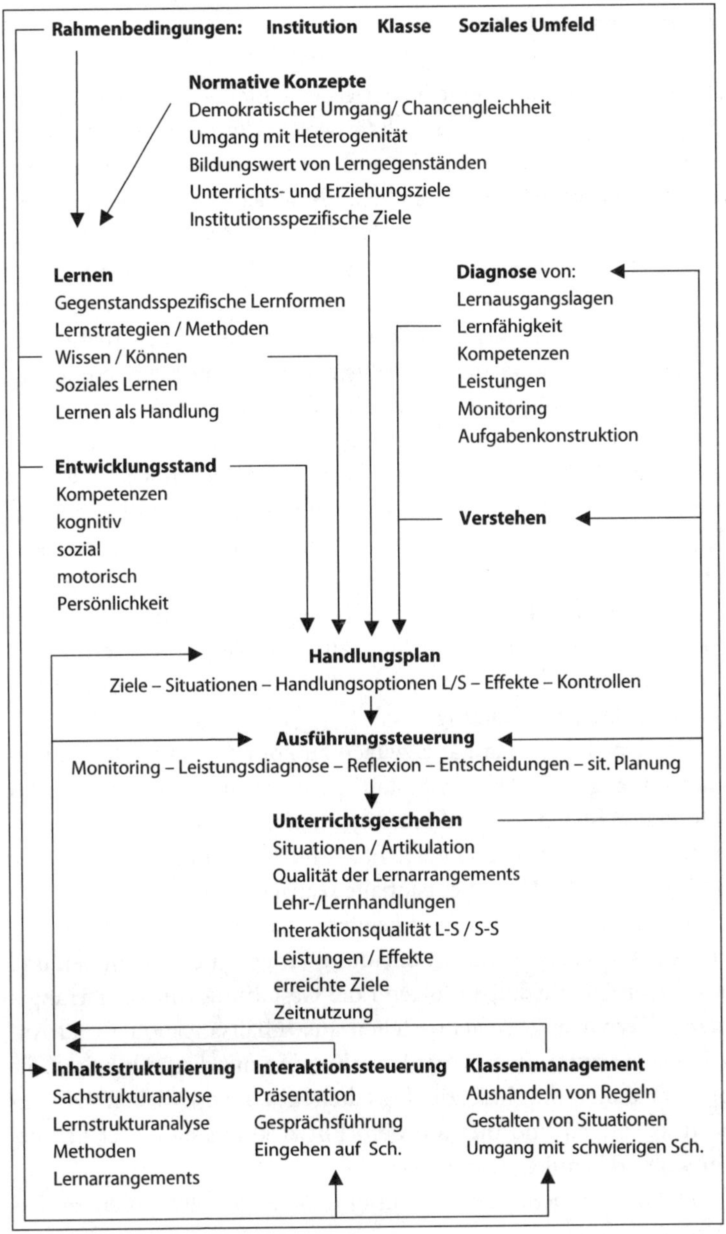

Abb. 6: Begriffslandkarte zur Integrativen Didaktik

Unterrichtsgeschehen

Die Didaktik braucht eine Theorie des Unterrichts. Diese Theorie muss Aussagen darüber enthalten, welche Situationen das Unterrichtsgeschehen konstituieren und welche Situationsabfolgen erfolgreiches Unterrichten darstellen. Ein wesentlicher Teil des Unterrichts sind die Lernarrangements, also die Situationselemente, die spezifische zielführende Lernprozesse anstoßen sollen. Im Rahmen der Lernarrangements werden Lehrkräfte und Schülerinnen und Schüler Lehr- und Lernhandlungen vollziehen, die – mehr oder weniger gut – die in dem jeweiligen Lernarrangement möglichen Lernchancen realisieren. Unterrichten ist ein interaktives Geschehen. Die Interaktionen können unter dem Aspekt der beabsichtigten Lernwirkung, aber auch unter dem Aspekt der unbeabsichtigten Effekte, d.h. der Folgen oder Nebenwirkungen für den Erwerb von Selbstkonzept, sozialen Regeln, Klassenklima etc. betrachtet werden.

Die Qualität des Unterrichts (Helmke 2003) besteht aus Prozessqualität und Produktqualität, also aus den jeweils erreichten Zielen, den entfalteten Schülerleistungen und der mehr oder weniger geglückten Zeitnutzung.

Um Unterrichtsqualität erzeugen zu können, benötigt die Lehrkraft umfangreiche Wissensbestände zur Inhaltsstrukturierung, zur Interaktionssteuerung und zum Klassenmanagement, um die normativen Vorgaben wie Unterrichts- und Erziehungsziele oder den Bildungswert der Unterrichtsinhalte realisieren zu können.

Zur Inhaltsstrukturierung gehören Verfahren wie Sachanalyse, Lernstrukturanalyse, die Entscheidung für geeignete Methoden und aus diesen Überlegungen folgend die Gestaltung von Lernarrangements. Lernarrangements bestehen aus Inhaltsangeboten und Angaben zur Konstruktion einer Lernsituation mit diesen Inhalten. Sie müssen daher die Gesetzmäßigkeiten des menschlichen Lernens berücksichtigen und dies auf dem Entwicklungsstand der Schülerinnen und Schüler einer Klasse.

Die hier zu bedenkenden Zusammenhänge sollen in einem Exkurs entfaltet werden.

Wissensbestände der kognitiven Psychologie

In einer Didaktik kommt Lernen in einer spezifisch instrumentellen und auf die Institution und die darin befindlichen Menschen bezogenen Weise in den Blick. Die Psychologie als Hilfswissenschaft erforscht Lernen als Ausstattungsmerkmal des Menschen und fragt sich, wo und wie diese Disposition den erkannten Gesetzmäßigkeiten folgend genutzt wird. Diese Wissensbestände sind nur Rohmaterial für die didaktische Theoriebildung. Eine kurze Skizze soll das Feld des Lernens kartieren:

- *Lernen als Servomechanismus zur Handlungsoptimierung:* Bei der Ausführung von Handlungen erfolgt ohne explizite Lernabsicht eine ständige Entwicklung. Die Tendenz zur Variation bei der Durchführung einer Handlung wird durch die Verarbeitung der dabei erzielten Effekte implizit zu einer Optimierung verrechnet. Lernen tritt immer dann auf, wenn es Erwartungen gibt, die eintreten können oder die verfehlt werden.
- *Lernen* tritt auch dann auf, wenn die Aufmerksamkeit auf anderen Aspekten der Handlung liegt, andere Ziele verfolgt werden.
- *Lernen am Modell:* Wenn eine andere Person eine erfolgreiche Handlung vollzieht, dann kann die Wahrnehmung dieses Verhaltens zur Übernahme führen. Durch Beobachten können komplexe Verhaltensweisen angeeignet werden.
- *Wirkung von Erfolg:* Seit den Experimenten von *Edward L. Thorndike* wissen wir, dass sich Verhalten an den damit erreichten Effekten orientiert. Wird Erfolg erreicht, dann wird damit die Ausführung des letzten vollzogenen Verhaltens wahrscheinlicher. Eine komplizierte Kette von Verhaltenselementen baut sich also vom Ende her auf.
- *Verstärkung:* Das Lernen von Verhalten, das als nicht zielführend erlebt wird, kann entstehen, wenn auf die Ausführung einer Reaktion eine Verstärkung erfolgt. *Skinner* konnte zeigen, dass es möglich ist, durch die kontingente Gabe von Verstärkern bei Tieren Verhaltensketten aufzubauen, die ohne direkte Funktionalität für das Tier sind.

- *Konditionierung: Iwan P. Pawlow* konnte zeigen, dass durch das zeitliche Aufeinandertreffen von Reizen es geschehen kann, dass ein vormals neutraler Reiz zu einem Auslöser für eine Reaktion wird.
- *Lernen durch Einsicht:* Die Experimente von *Wolfgang Köhler* haben gezeigt, dass selbst Tiere die Struktur von Gegebenheiten erkennen können, die Lösung eines Problems direkt sehen und ohne Üben und ohne Erproben von Teilschritten direkt die Lösung produzieren können. Die Veränderung des Verhaltens kann durch Einsicht erfolgen, und dies führt zu einer Wiederholbarkeit bei strukturell ähnlichen Aufgaben.
- *Begriffe:* Im Umgang mit der Welt kann entdeckt werden, dass Objekte, die gemeinsame Eigenschaften haben, in ähnlicher Weise gehandhabt werden können, z.B. dass runde Dinge rollen. Durch die Erfahrung im Umgang mit Objekten bilden sich also Klassen von Objekten, die zu Klassen von Handlungen führen. Es entstehen Begriffe.
- *Wissensstrukturen/Heuristik:* Die Begriffe können zu netzartigen Strukturen des Wissens zusammengefügt werden. Mithilfe von Suchverfahren (Heuristiken) kann dieses Wissen bei der Lösung von Aufgaben und Problemen angewendet werden.
- *Skripts und Schemata:* Komplexe Sachverhalte und Abläufe, die uns häufiger begegnen, können durch Abstraktion auf ihren Kern reduziert werden. Aus dem Kontakt mit unterschiedlichen Konfigurationen kann das Schema gebildet werden. So kann ich ein unbekanntes Haus als *Haus* erkennen, obwohl ich dieses vorher noch nie gesehen habe. Abläufe werden zu einem Skript verdichtet, z.B. hilft ein Restaurant-Skript dabei, in einem *neuen* Restaurant trotzdem zu wissen, dass man erst einen Platz wählt, dann isst und zahlt, es sei denn, man ist in einem Selbstbedienungsrestaurant – da ist der Ablauf umgekehrt.
- *Mentale Modelle:* Aufgrund vorhandenen Wissens und gemachter Erfahrungen ist es uns möglich, von Vorgängen ein internes Modell zu entwickeln und durch Erproben festzustellen, ob unser Modell zutrifft. Wir können im Kopf Probehandeln und dann in der Außenwelt testen, ob die am mentalen Modell entwickelte Lösung zutrifft.

- *Produktives Denken:* Neuartige Lösungen werden möglich, wenn es gelingt, vorhandenes Wissen in neuartiger Struktur zu verwenden.
- *Metakognition und Lernhandlungen:* Durch Selbstbeobachtung können Menschen über ihre kognitiven Möglichkeiten Wissen erwerben oder mentale Modelle bilden und damit ihren Denk- und Lernprozess verbessern. Unser Wissen über Gedächtnis, die Rolle der Wiederholung, die Stützung des Erinnerns durch Strukturbildung sind solche metakognitiven Bestände. Hierher gehören auch die Lernstrategien und die Kontrollstrategien.

Das Verhalten eines Menschen kann durch unterschiedliche Lernprozesse bedingt sein. Das sichtbare Verhalten, z.B. Kartoffelschälen in der Standardsituation, ist gleich, wenn eine Person durch Lernen am Modell zur Nachahmung dieses Verhaltens gebracht oder wenn es durch schrittweise Verstärkung ausgeformt wurde. Das gleiche Verhalten kann aber auch durch Einsicht in die Funktion des Kartoffelschälmessers erreicht werden. Erst wenn ich unterschiedliche Transferleistungen abfordere, stelle ich die unterschiedliche Lernbasis und die damit andere Kompetenz des Lerners fest (vgl. Edelmann 1996, Seel 2000).

Die spezifisch didaktische Sicht

Wenn begründet entschieden wurde, dass ein bestimmter Stoff gelehrt resp. gelernt werden soll, ist die erste Aufgabe, die spezifische Beschaffenheit dieses Sachverhalts als Lerngegenstand zu untersuchen. Hier geht es um die Festlegung des Volumens, die Analyse der Strukturverhältnisse Ganzes/notwendige Teile, die Festlegung der intendierten Verwendungszusammenhänge (z.B. um die Frage, ob eine Person etwas über einen Stadtplan lernt, um ihn nutzen oder um Stadtpläne selbst herstellen zu können). Diese Analyse des Lerngegenstands erhellt die Beschaffenheit des Wissens oder Könnens, das vermittelt werden soll.

Die Organisation eines effektiven Lernprozesses kann aber erst gelingen, wenn für dieses Ganze und seine Teile geklärt ist, welche

Lernprozesse benötigt werden, damit die ins Auge gefassten Zielpersonen erfolgreich dieses Wissen und Können erwerben können. Es ist z.B. ein Unterschied, ob ich einem 7-jährigen Kind die Verwendung eines Stadtplanes lehren soll oder einem 17-jährigen Jugendlichen.

Die Lernstruktur beschreibt die von der Sache und der Person her geforderten grundlegenden Bedingungen des Lernens und ist damit eine Tiefenstruktur des Unterrichts, die durch unterschiedliche Oberflächenstrukturen realisiert werden kann.

Die Methode beschreibt ein Vorgehen. Für eine gegebene Sachstruktur und die dazu gehörige Lernstruktur muss die passende Methode gefunden werden, deren implizite Tiefenstruktur der geforderten Lernstruktur entspricht und die auf der Oberfläche geeignete Formen des Umgangs mit Inhalten und Personen ermöglicht. Um eine logische Grundstruktur lagern sich bei diesem Zuordnungsprozess mehr oder weniger geeignete Methodenvarianten an, die mithilfe von Zusatzkriterien, wie z.B. dem Grad der Individualisierung, der notwendigen Dramaturgie der Lernsituation oder dem Verfahren zur Vermeidung von Sättigung, ausgewählt werden.

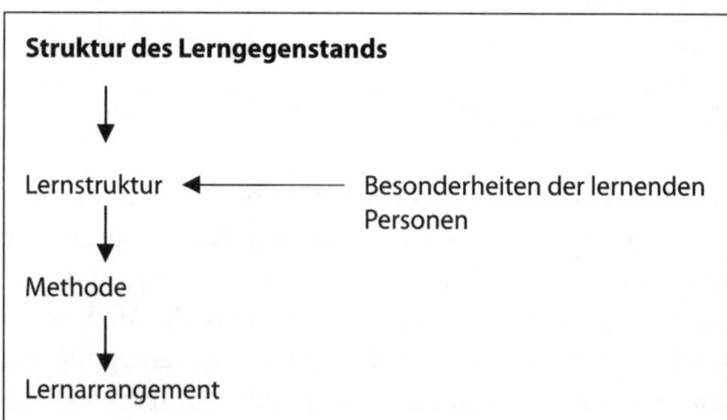

Abb. 7: Struktur des Lerngegenstandes

Ein Beispiel

Nehmen wir ein Beispiel aus dem Sachunterricht der Grundschule der Klasse 4. Es soll um die Beleuchtung am Fahrrad gehen. Das kann heißen, dass die Schülerinnen und Schüler die Rechtsvorschriften kennen, und wissen sollen, welche Elemente für eine Fahrradbeleuchtung vorgeschrieben sind. Es kann auch heißen, die Lampe vorne und hinten als Teile eines Stromkreises erkennen und das Modell des Stromkreises als Prüfmodell für die Funktionstüchtigkeit der Elemente und für eine Reparatur nutzen zu können. Wird entschieden, die Fahrradbeleuchtung als Sonderfall eines Stromkreises zu betrachten und das Modell des Stromkreises als Prüfmodell zu nutzen, ist folgende Lernstruktur zu realisieren:

Zunächst ist der Begriff des Stromkreises im Unterricht aufzubauen, bezieht sich doch ein abstrakter Begriff auf die Struktur und nicht auf eine konkrete Realisation. Die Elemente des Stromkreises (Quelle, Leiter, Verbraucher, Schalter) sind durch möglichst unterschiedliche Repräsentanten zu realisieren, damit der Begriff abstrahiert von deren spezieller Beschaffenheit entstehen kann. Es kann eine Abfolge gewählt werden, bei der zunächst ein Prototyp vorgestellt und dann Varianten gewählt werden. Für die Nutzung des Stromkreises als Prüfmodell kann die Konzeption des Operationsaufbaus gewählt werden. Es ist also zunächst die Nutzung eines physikalisch realisierten Prüfstromkreises zu erwägen, wobei die Prüfung eines Funktionselements durch Einsetzen in diesen Prüfkreis erfolgt. In einem weiteren Schritt soll die Realisierung der Ersetzungshandlung nur noch mental vorgenommen werden. Als Lerngerüst für die Schüler kann dies mit Unterstützung durch eine Grafik des Stromkreises als Zwischenschritt erfolgen. Die Operation der Prüfung mit einem Denkmodell ist aufgebaut, wenn die äußeren Handlungen durch die Verwendung eines nur in der Vorstellung vorhandenen Stromkreises gesteuert werden.

Angesichts des Alters der Schülerinnen und Schüler kann jetzt darüber nachgedacht werden, welche Materialien (Elemente aus einem Bausteinsystem oder reale Fahrradelemente) für die Realisierung eines Stromkreises als Prüfmodell verwendet werden sollen. Es kann nach einer Methode gesucht werden, die die notwendigen

Lernschritte konkret realisiert. Eine Leittext gesteuerte Arbeit in Kleingruppen könnte hier ebenso eingesetzt werden wie die Arbeit an Stationen.

Soziale Lernarrangements

Soziale Lernarrangements sind notwendig als Reaktion auf die Gegebenheiten der Institution Schule, in der die Schulklasse als Strukturelement etabliert ist (vgl. auch das Kapitel: Eine Schulklasse leiten). Dies setzt bestimmte Bedingungen, z.B. eine vorgegebene Lehrer-Schüler-Relation oder eine spezifische Raumsituation. Arbeits- und Sozialformen wie Einzelarbeit, Partnerarbeit, Gruppenarbeit werden zunächst aus organisatorischen Gründen nötig. Die Wahl spezifischer Arbeits- und Sozialformen geschieht unter Gesichtspunkten der Inszenierung und Steuerung von Unterricht (Inszenierungs- und Steuerungslogik); zugleich kommt ihr eine dienende Funktion für die Organisation inhaltlicher Lernprozesse zu. Als Problem können evt. die unbedachten Aspekte der Situation auffallen, die zu unerwünschten beiläufigen Lerneffekten führen.

Neben der Organisation von inhaltlichen Lernprozessen zielt die Schule als Ort des sozialen Lernens auf den Aufbau von Kommunikations- und Interaktionskompetenz und die Entfaltung der Individualität der Schülerinnen und Schüler. Beim sozialen Lernen ändert sich die Stellung der Inhalte. Sie stehen nicht mehr im Mittelpunkt, sondern werden dafür notwendig, um an einem Gegenstand den eigentlich intendierten sozialen Lernprozess zu entfalten. Die Lernstrukturanalyse betont beim sozialen Lernen andere Aspekte des Lernens als bei einer Inhaltszentrierung im Stoff. Die im Verlauf der schulischen Lernzeit erfahrene Relationierung der unterschiedlichen Bedeutungen der inhaltlichen und sozialen Aspekte des Lernens wird sich auf die Lernergebnisse auswirken.

Der Schulpädagoge *Manfred Bönsch* (1994) schlug vor, vier Interventionsebenen zu bedenken. Soziales Lernen kann auf der Handlungsebene etwa durch spezifische Unterrichtskonzepte oder Formen des Schullebens, auf der Metaebene durch Unterricht über Unterricht, auf der Ebene der Beziehung durch Formen der Annahme des Gegenübers, auf der therapeutischen Ebene durch Beratung und Therapie realisiert werden.

Am Beispiel des Gruppenpuzzles wird deutlich, wie eine Methode entweder mit überwiegend inhaltlichem Schwerpunkt oder mit einem Schwerpunkt auf dem sozialen Lernen eingesetzt werden kann. Beim Gruppenpuzzle werden die Schülerinnen und Schüler zunächst in Stammgruppen eingeteilt, die ein Thema erarbeiten sollen. In einem zweiten Arbeitsschritt werden die Schülerinnen und Schüler der Stammgruppe einzeln in mehrere Expertengruppen entsandt, die Inhalte bearbeiten, die für die Aufgaben der Stammgruppen notwendige Elemente sind. In einer solchen Expertengruppe arbeiten mehrere Mitglieder; jedes kommt aus einer anderen Stammgruppe. Nach Abschluss der Arbeit der Expertengruppen gehen deren einzelne Mitglieder wieder in ihre Stammgruppe zurück, um dort das erworbene Expertenwissen für die Problembearbeitung zur Verfügung zu stellen. Dieses Verfahren kann als Methode zur inneren Differenzierung (also mit unterschiedlichen Lernwegen für einzelne Schülerinnen und Schüler) zur Bearbeitung komplexer Inhalte eingesetzt werden. Da in Gruppen gearbeitet wird, brauchen die Schülerinnen und Schüler soziale Kompetenzen, wie z.B. Strukturierung kooperativen Arbeitens, Gesprächssteuerung, Konfliktregulierung. Das Gruppenpuzzle kann zum gezielten Erwerben bzw. Erproben dieser Kompetenzen genutzt werden; dabei können die sachlichen Inhalte fast beliebig gewählt werden.

Monitoring, Messen, Diagnostizieren

Kontrolle ist ein notwendiger Teilprozess eines vollständigen Lernprozesses mit der Möglichkeit zum Erwerb von Inhaltswissen, Fertigkeiten oder Methoden, dem Erkennen von Erwerbsstrategien, Kontrollstrategien und dem Aufbau von Metakognition. Nur die erlebte Kontrolle eines Lernprozesses als äußere Handlung im Unterricht kann den Aufbau von Kontrolloperationen im Lerner unterstützen. Zu den professionellen Kompetenzen von Lernenden gehören daher auch Verfahren des Messens und Diagnostizierens, das Wissen um Gütekriterien und Normen. Von Bedeutung ist dabei auch die Erfassung von Effekten und Prozessqualität in Lernsituationen und deren Verwendung zur Steuerung der Lernprozesse. Diese Diagnostik soll in Abgrenzung von der Leistungsbeurteilung mit Notenvergabe verstanden und praktiziert werden; wir nennen sie Monitoring. Beim Monitoring geht es um Steuerungsentscheidungen, die im Prozess gegebenenfalls auch noch korrigiert werden können; daher haben wir verminderte methodische Ansprüche an die Konstruktion eines Messverfahrens. Bei der Leistungsbeurteilung mit ihren sozialen Folgen sind die Anforderungen an die Qualität der Messung höher.

Monitoring als Prozesssteuerung und Leistungsmessung und Leistungsbeurteilung haben auf der Erfassungsseite der Ausgangsdaten große Ähnlichkeit. Es ist festzulegen, welche Art von Prozess oder Leistung beachtet werden soll. Es sind Erfassungsvorschriften für die Datengewinnung zu entwickeln. Die aus der Testtheorie der Psychologie (Fisseni 1997) bekannten Gütekriterien für eine Messung sind dabei zu beachten:

- *Objektivität,* d.h. die Unabhängigkeit der Datenerfassung und Interpretation von der Subjektivität des Anwenders,
- *Reliabilität,* d.h. die Messgenauigkeit des verwendeten Erfassungsinstruments,
- *Validität,* d.h. die Übereinstimmung der erhobenen Messwerte mit dem eigentlich gemeinten Inhalt: Wie gut wurde erfasst, was gemeint war?

Die ermittelten Daten sind erst für das Handeln bedeutsam, wenn sie in Bezug auf eine Norm gedeutet werden. Daten können unter Beachtung von sozialer, individueller, kriterialer Normen interpretiert werden. Ich kann den Messwert einer Person mit dem Mittelwert einer Bezugsgruppe oder Klasse vergleichen (Sozialnorm), die erbrachte Leistung mit vorherigen Leistungen der Person vergleichen (Individualnorm) oder das Erreichen bzw. Verfehlen eines gesetzten Kriteriums beurteilen (Sachnorm).

Sollen methodisch präzise Messverfahren konstruiert werden, um Schulleistung zu erfassen, kann auf die Methoden der psychologischen Testkonstruktion zurückgegriffen werden. Dort sind unterschiedliche Messmodelle entwickelt worden, z.B. die Klassische Testtheorie, das Probabilistische Testmodell und Kriterienorientierte Tests (Fisseni 1997).

Jede Diagnose ist mehr als ein Erfassen von Daten. Es muss darum gehen, die Lage resp. Situation der Person zu verstehen. Kognitionspsychologische Analysen des Verstehens zeigen auf, dass die Verstehensleistung aus unterschiedlichen Prozessen in einem Wechselspiel besteht. In einem synthetischen Teilprozess geht es darum, die Informationen mithilfe von schon vorhandenen Wissensbeständen zu einem Gesamtbild zu integrieren. Ein analytischer Teilprozess prüft, ob Lücken im Wissen oder Fehleinschätzungen vorliegen. Um Prozesse durch Intervention steuern zu können, werden Wissensbestände gebraucht, die den Idealablauf eines Prozesses beschreiben und Daten, die eine Abweichung signalisieren. Diese Daten müssen mithilfe von verfügbarem Änderungswissen genutzt werden können, um den Prozess zu korrigieren oder alternative Prozesse zu initiieren. Lassen sich die Prozess- und Ergebnisdaten zu einem klaren Bild zusammenfügen und sind die Handlungsoptionen deutlich erkennbar, kann gesagt werden, dass die Lehrkraft die Situation der Schülerin oder des Schülers versteht.

Die Förderung von Schülerinnen und Schülern folgt diesem Denkmuster. Ist eine Abweichung (ein Lernproblem) erkannt, wird Änderungswissen gesucht, das für die gegebenen Situation eine Erfolg versprechende Intervention zu entwickeln erlaubt. Diagnostische Verfahren, wie z.B. Fehleranalyse oder Beobachtung, werden eingesetzt, um die möglichen Ursachen der Abweichung zu erklären. Das mentale Modell von Lehrern muss daher etwa folgende Struktur enthalten (vgl. Abb. 8: Grundlegende Heuristik des Förderns).

Beobachten

Unter Beobachtung wird das methodisch kontrollierte Erfassen sinnlich wahrnehmbarer Ereignisse (Verhalten, Vorgänge) verstanden. Jedes verantwortungsvolle soziale Handeln setzt die angemessene Erfassung von Gegebenheiten als Grundlage für Entscheidungen voraus. Akteure müssen daher die Möglichkeiten und Grenzen

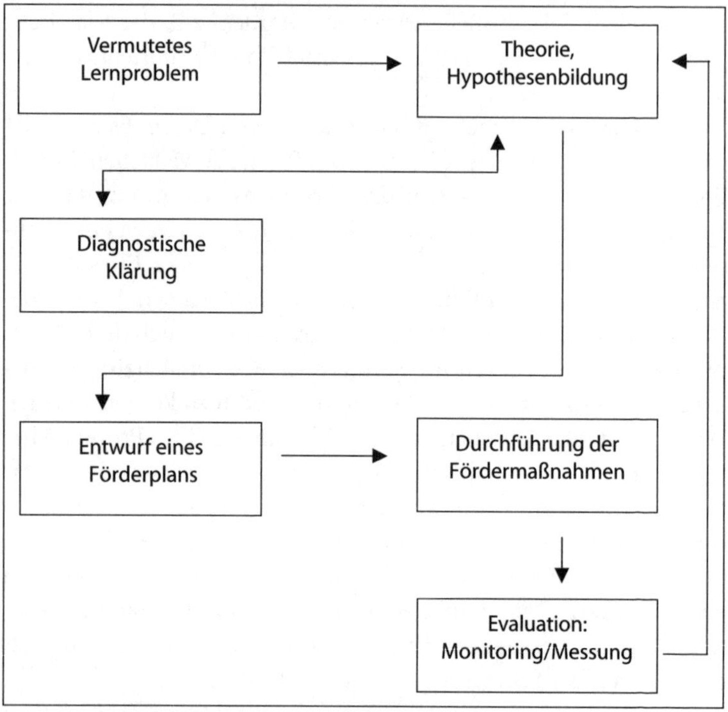

Abb. 8: Grundlegende Heuristik des Förderns

der Beobachtung kennen. Der Mensch als Beobachter ist leider ein System, das zu bestimmten Beobachtungs- und Beurteilungsfehlern neigt. Der *logische Fehler* soll hier als Beispiel dienen. Beim logischen Fehler geht die beobachtende Person von einem Zusammenhang zwischen Ereignissen aus, die einer empirischen Prüfung nicht standhalten, z.B. nimmt sie an, dass, wer gut Latein lernt, auch sonst gut denken kann. Der Schluss von der beobachteten Lateinleistung auf zu erwartende künftige Denkleistungen ist nicht zulässig, weil diese Merkmale nicht zwingend gekoppelt auftreten. Die methodische Kontrolle beim Beobachten hat daher neben dem Versuch, relevante Daten zu erfassen, auch die Frage der Begrenzung der Fehler zu bedenken.

Das sichtbare Verhalten einer Person zu beobachten muss daher immer auch heißen, einen theoretischen Rahmen zu entwerfen, einerseits, um zu entscheiden, was überhaupt beobachtet werden soll und andererseits, um die Bedeutung eines Verhaltens erkennen zu können. Wenn sich eine Person am Kopf kratzt, kann dieses Verhalten u.a. eine Selbststimulation sein, um die Denkvorgänge zu unterstützen oder das Symptom eine Erkrankung der Kopfhaut.

Beobachten als professionelles Handeln setzt voraus, das die beobachtende Person sich der Zusammenhänge von theoretischer Rahmensetzung und Interpretation und der Problematik der Beobachtungs- und Beurteilungsfehler bewusst ist.

Selbstbeobachtung und Beobachtung von Abläufen sind wesentliche Bestandteile der Erfahrungsbildung; daraus entwickeln sich subjektive Theorien über Unterricht. Fehlt hier die methodenkritische Reflexion und Selbstreflexion, kann es zur Entwicklung fehlerhafter Konzepte kommen, die aufgrund von Beobachtungs- und Beurteilungsfehlern in Wirkung bleiben und dadurch realitätstreues Erfassen der Gegebenheiten verhindern. Die Reflexion des Erfahrungswissens in Fallbesprechungs- oder Supervisionsgruppen kann den Aufbau einer realitätstauglichen Sicht auf Schüler und Unterricht unterstützen, indem alternative Deutungsmuster und Erklärungsmodelle gegeneinander abgewogen werden (vgl. Danner 2000).

Rahmenbedingungen

Jedes pädagogische Handeln erfolgt in einem gesellschaftlichen und institutionellen Kontext. Das Kontext bezogene Handeln wird z.B. durch Rahmenrichtlinien über die Arbeit in der Hauptschule oder im Gymnasium beschrieben. Standards werden von den politischen Steuerungsinstanzen formuliert, die angeben, welche Kompetenzen zu vermitteln sind und auf welchem Niveau. Durch Standardarbeiten oder zentrale Prüfungen wird versucht, deren Erreichen zu überprüfen.

Normative Konzepte

Für Ausbildung und Erziehung sind unterschiedliche Ziele denkbar. Ziele des Handelns sind nicht empirisch zu finden, sondern erfolgen aufgrund normativer Entscheidungen. Demokratischer und gewaltfreier Umgang mit Kindern in der Schule ist durch Gesetz als Norm gesetzt. Wie mit der Heterogenität der Schülerinnen und Schüler umzugehen ist, welches Ausmaß von Chancengleichheit verwirklicht werden soll, ist in einer Gesellschaft festzulegen. Erziehungsziele unterliegen dem gesellschaftlichen Wandel. Am Beispiel des von Kindern geforderten Gehorsams und/oder der erwarteten Selbstständigkeit kann man diesen Wandel deutlich erkennen.

Die bislang erörterten Wissensbestände, die teils aus empirischen Tatbeständen, teils aus technologischen Regeln, teils aus normativen Sätzen bestehen, werden von der Lehrkraft bei der Planung von Unterricht verwendet. Ein Handlungsplan ist nur dann wirklich umsetzbar, wenn er die zu verfolgenden Ziele spezifiziert, die auftretenden Situationen genau genug voraussieht und für die auftretenden Situationen geeignete Handlungsoptionen verfügbar macht. Die für die Zielerreichung wichtigen Handlungseffekte sollen erkennbar und Kontrolloperationen bekannt sein.

Ausführungssteuerung

Mithilfe der im Handlungsplan angegebenen Kontrollprozesse sollten die Handlungsausführung und die Handlungseffekte überwacht werden. Bei Abweichungen ist zu entscheiden, ob diese tolerierbar sind oder ob in dieser Situation eine Umplanung vorgenommen werden muss (Mühlhausen 1994). Die ständige Reflexion über das Geschehen erlaubt es der Lehrkraft, das Ausmaß der Passung des Planes zu erkennen und bei künftigen Plänen zu nutzen. An dieser Stelle ist die professionelle Lernfähigkeit durch Erfahrung zu finden. Bei den Wissensbeständen, die aufgrund von Forschungslagen verfügbar sind, geht es um die Einarbeitung ins persönliche Wissenssystem und die Nutzung bei der Planung von Unterricht.

Evaluation

Die Forderung nach Evaluation schulischen Geschehens nimmt die Erkenntnis ernst, dass die subjektiv erfahrene Wirklichkeit nicht immer Aufschluss für die Bildung angemessener Theorien bietet. Evaluation soll die Wirksamkeit einer Vorgehensweise einer methodischen Prüfung unterziehen. Es geht also um die Erfassung von Effekten und deren kausaler Zuordnung zu Maßnahmen. Es kann zwischen *formativer* und *summativer* Evaluation unterschieden werden. Bei formativem Vorgehen werden die Daten zur Modifikation der Maßnahme verwendet; die summative Evaluation erfasst abschließend die Wirksamkeit. Evaluieren können die Akteure selbst (interne Evaluation) oder von außen kommende Personen (externe Evaluation).

Bei Durchführung einer Evaluation ist wichtig, vor der Datenerhebung die Evaluationsziele zu klären und die Instanzen bzw. Personen festzulegen, die Konsequenzen aus diesen Daten ziehen sollen.

Wie bei allen Messungen ist das Problem der angemessenen Operationalisierung zu lösen und ein geeignetes Messdesign zu entwickeln, also festzulegen, bei wem, in welchem Zeitraum und wie oft, welche Daten erhoben werden.

Vergleichsarbeiten oder zentrale Prüfungen können zur Evaluation der Unterrichtsqualität herangezogen werden, wenn sie im Rahmen eines Modells der Leistungsentstehung zusammen mit anderen Daten (z.B. Daten zur Ausgangslage, Prozessanalysen) angemessen interpretiert und daraus angemessene Interventionen abgeleitet werden.

Die hier skizzierte integrative Didaktik versucht, den bekannten Wissensbeständen über Curriculum, Unterricht, Planungsprozesse, Lernstrukturen, Prozesssteuerung, Leistungsmessung etc. durch Einordnung in ein systematisches Aussagengefüge einen Platz zu geben. Sie unterstellt dabei, dass die aus den unterschiedlichen Modellen der Didaktik herkommenden konkurrierenden Akzentsetzungen überwunden werden können. Das Modell legt die Prüfung der Gültigkeitsansprüche von Aussagen nahe und fordert die Ersetzung von Erfahrungswissen oder Dogmen durch empirisch geprüfte Aussagen, wenn diese verfügbar sind. Die integrative Didaktik will die Illusion vermeiden, dass Unterricht mit angemessener Qualität erteilt werden kann, wenn die Didaktik der Lehrkräfte nicht die Komplexität der Unterrichtssituation und der zu treffenden Entscheidungen genügend abbildet.

Unterrichtsvorbereitung

Unterrichtsplanung

Unterrichtsplanung von Lehrerinnen und Lehrern geschieht in der Regel auf der Grundlage von Vorschlägen, die durch Rahmenrichtlinien und Schulbücher resp. Arbeitsmaterialien gegeben sind. Weil wir einen besonderen Akzent auf das Durchdenken von Lernprozessen der Schülerinnen und Schüler legen, möchten wir an einem Beispiel zeigen, wie ein solches Nachdenken über Lernprozesse aussehen kann. Wir legen keine umfassende Planung im Sinne einer Inhaltsanalyse des Stoffes und einer didaktischen Analyse zur Begründung der Auswahlentscheidungen vor, sondern laden Sie ein, anhand eines Schulbuches genauer über Lernprozesse nachzudenken.

Wenn wir mit Fritz Oser und Franz J. Baeriswyl den Planungsprozess der Lehrkraft betrachten, geht es darum, das Nachdenken über die geplanten und aufeinander folgenden Schritte beim Unterrichten mit einem Nachdenken über die Lernprozesse der Schülerinnen und Schüler zu verbinden. Die Wissenschaftler gehen davon aus, dass Lehrerinnen und Lehrer bei der Planung von Unterricht Hypothesen über die Wirkungen ihres unterrichtlichen Handelns auf einzelne Lernschritte der Schülerinnen und Schüler entwickeln.

> *»Basically, the teachers follow [...] a teaching-learning psychology that produces the assumption about which actions of the teacher will lead to which constructive activity on the part oft the students. This model is maybe something like an anticipation – process I – process II – product paradigm. [...] On the first level, anticipation, the teacher anticipates the desired learning result for the learner und initiates appropriate learning activities. Usually, the teacher is*

very focused on the content of what is to be taught in this phase […]. […]. At the second level, the visible process (process I) of the teacher's actions is the focus. […] The third level focuses on the mental operations or processes (process II) of the learner, namely the so-called basis-model itself. The act of learning is at the center of the teacher's planning behavior. […] At the fourth level, the product, we are concerned with two things: the mastery oft knowledge and the practice oft skills.« (Oser/Baeriswyl 2001, 1034)

Nehmen wir diesen Gedanken auf, muss die Lehrkraft bei ihrer Unterrichtsplanung das Lernproblem präzise zu erfassen suchen und darüber nachdenken, mit welchen Stützstrukturen das Lernen organisiert werden kann.

Lernprozesse planen – Ein Schulbuch ergänzen

Im Folgenden soll auf eine vorgestellte Unterrichtseinheit zum Thema »Betriebe« für den Sachunterricht der Klasse 4 in Bayern, gestützt auf ein Schulbuch (Bausteine Heimat- und Sachunterricht 4) eingegangen werden. Das Thema »Betriebe« wird auf acht Seiten aufgegriffen. Dabei wird erst global über Betriebe in einer Region informiert (Frank u.a. 2003, 78) und anschließend unter ausgewählten Fragestellungen einzelne Phänomene genauer dargestellt. Zunächst geht es um eine Betriebserkundung (S. 79), dann um Apfelsaftproduktion (S. 80), um Verpackung und Lagerung von Apfelsaft (S. 81) und um den Vertrieb (S. 82). Darauf basierend werden einzelne Aspekte diskutiert, nämlich Vor- und Nachteile von Einweg- und Mehrwegflaschen (S. 83). Einen Transfer des Gelernten und ein handelndes Ausprobieren ermöglicht das Thema »Unsere eigene Schülerfirma« (S. 84) und »Wir kalkulieren Preise« (S. 85).

Wir wollen fünf dieser Schulbuchseiten unter der Fragestellung betrachten, wie Lernprozesse angelegt sind und wie eine ihren Unterricht planende Lehrkraft – anhand der Schulbuchseiten – über diese nachdenken kann, um sie zu optimieren. Wir gehen im Folgenden auf das Schulbuch und seine Angebote zum Lernen ein:

Seite und Thema	Gestaltung	Arbeitsaufträge
S. 78 **Betriebe in unserer Region**	Text: Betriebe versorgen uns mit Waren und Dienstleistungen und geben den Menschen Arbeit. In landwirtschaftlichen Betrieben werden die Felder bebaut oder Tiere gehalten. In Industrie- und Handwerksbetrieben werden aus Rohstoffen Waren hergestellt. Dienstleistungsbetriebe bieten Dienste an. • Bilder: Landkarte mit Stadt und Landkreis Schweinfurth. • Dreizehn Fotos, rund um die Karte angeordnet, mit verschiedenen Betrieben aus der Region.	1. Beschreibe, was diese Betriebe tun! 2. Ordne die Betriebe nach landwirtschaftlichen Betrieben, Industrie- und Handwerksbetrieben und Dienstleistungsbetrieben! 3. Fertigt eine Bildkarte mit Betrieben in eurer Region an!

Abb. 9: Schulbuchseite: Betriebe in unserer Region

Die Schulbuchseite (S. 78) bietet verschiedene Zugänge zum Thema:

Über einen Text führt es den Oberbegriff Betrieb und die Unterformen landwirtschaftlicher Betrieb, Industriebetrieb, Handwerksbetrieb und Dienstleistungsbetrieb ein.

Es zeigt eine Karte mit der Stadt und dem Landkreis Schweinfurth und ermöglicht so, unter dem Aspekt der räumlichen Lage der Betriebe, Vorwissen zusammenzutragen.

Es bietet kleine Fotos von Betrieben mit unterschiedlichen Motiven; manche zeigen Menschen bei der Arbeit, andere Felder, Produktionsanlagen oder einfach Firmenembleme.

Es geht hier um die Ordnung von Kenntnissen und Erfahrungen mithilfe von Begriffen. Das Basismodell für diese Unterrichtssituation ist *Begriffsbildung*. Die Aktivitäten der Schülerinnen und

Schüler sind so zu steuern, dass sie die folgende Tiefenstruktur aufweisen:

- Erkennen des Prototyps als Vertreter für den Begriff,
- Erfassen der relevanten Merkmale,
- Variation der Merkmale,

um den angemessenen Begriffsumfang zu erwerben.

Soll im Unterricht mit diesem Material gearbeitet werden, kann zunächst zusammengetragen werden, wo Menschen, die den Kindern bekannt sind, arbeiten. Hier können Erzählungen und/oder Berichte eingesetzt werden. Ein weiterer Schritt ist der Versuch, über eine Bildanalyse Vorwissen zu mobilisieren, zu ordnen und zu strukturieren, wobei eine Zuordnung von Bildern zu Sachverhalten vorzunehmen ist. Gegebenenfalls sind weitere Informationen der Lehrkraft zu verschiedenen Betrieben in der Region notwendig. Sie kann Materialien aus Firmen bereitstellen oder – bei zu großer Komplexität – aufbereitetes Material einsetzen. Zur Anbahnung der Begriffsbildung ist sicherzustellen, dass die Begriffe Versorgung, Waren, Dienstleistung, Arbeit durch Zuordnung von typischen Beispielen aus dem Bereich der kindlichen Alltagserfahrungen geklärt werden.

Kern dieses Unterrichtsabschnitts ist die Bildung des Begriffs Betrieb mit den zugehörigen Unterscheidungen. Soll eine sichere Begriffsbildung erfolgen, sind diese deutlich (Betriebe, Waren, Dienstleistungen) zu klären. Es ist in die Unterscheidung verschiedener Betriebe (landwirtschaftliche, handwerkliche, industrielle und Dienstleistungsbetriebe) durch die Wahl geeigneter prototypischer Beispiele einzuführen und durch das Anfertigen von Begriffslandkarten oder Merkmallisten, die die notwendigen Attribute enthalten. Es kann zur Anwendung bzw. Prüfung der Begriffsbildung eine Tabelle angelegt werden (vgl. Arbeitsauftrag 2), bei der Betriebe mithilfe der begrifflichen Unterscheidungen geordnet werden.

Weiterhin geht es darum, die eigene Region (Stadt oder Landkreis) und die dort vorhandenen betrieblichen Einrichtungen zu erschließen, über Kartenarbeit und über das systematische Ordnen des eigenen Vorwissens (vgl. Arbeitsauftrag 3). Die Lehrkraft sollte eine Karte aus der eigenen Region mitbringen und mit den Kindern besprechen, welche Betriebe hier zu finden sind und evtl. ausgeschnittene oder selbst gefertigte Firmensymbole oder Fotos und Zeichnungen auf dieser Karte platzieren und aufkleben lassen. Es sollte geklärt werden, welche Betriebe sich in der Region der Kinder befinden.

Am Ende einer solchen Einheit über Betriebe in der Region könnten als Arbeitsergebnisse vier Begriffslandkarten zur Definition der verschiedenen Betriebsarten stehen, eine Landkarte könnte in der Klasse hängen, in der die Schüler die ihnen bekannten Betriebe der eigenen Region eingeklebt oder gemalt haben und eine Tabelle, in der die Betriebe der Region – geordnet nach landwirtschaftlichen, handwerklichen, industriellen und Dienstleistungsbetrieben – zusammengestellt sind. Eine Analyse der Region unter der Perspektive der Häufigkeit oder räumlichen Verteilung von Betriebsarten könnte durchgeführt worden sein.

Das Wissenssystem der Schüler besteht dann aus dem Netzwerk der Begriffe: Betrieb als Produzent von Waren oder Dienstleistungen und Arbeitgeber, die Unterformen (landwirtschaftlich, handwerklich, industriell, dienstleistungsbezogen). Diesen Begriffen können die definierenden Merkmale zugeordnet werden; die Schülerinnen und Schüler können konkrete Betriebe in ihrer Region mithilfe dieser Begriffe kategorisieren.

Die folgende Schulbuchseite (vgl. Abbildung 10, Frank u.a. 2003, 79) zeigt die Vorbereitung einer Betriebserkundung durch die Entwicklung eines Fragerasters, das im Vollzug der Erkundung mit Wissen oder konkreten Erfahrungen gefüllt werden kann. Die Lehrkraft sollte allein oder gemeinsam mit den Schülerinnen und Schülern, auf der Grundlage des Nachdenkens über die Betriebe in der Region, die Entscheidung treffen, welcher Betrieb besichtigt werden soll (vgl. Arbeitsauftrag 2). Das Schulbuch schlägt die Vorbereitung einer Betriebsbesichtigung und die Vorbereitung einer Expertenbefragung im Betrieb durch die Schülerinnen und Schüler vor. Es führt ein in die Begriffe Beschaffung, Herstellung (= Produktion) und Verkauf (= Absatz). Bei diesem Unterrichtsabschnitt geht es um das *Basismodell des Verstehens eines Sachverhalts*. Es sind dabei der gesamte Ablauf und die Relation der notwendigen Komponenten zueinander zu erfassen. Die Komponenten sind dabei nicht

Seite und Thema	Gestaltung	Arbeitsaufträge
S. 79 **Wir erkunden einen Betrieb**	*Text:* Die Klasse 4 unternimmt eine Betriebserkundung in die Apfelsaft-Kelterei Endres. Bevor die Kinder den Betrieb erkunden, bilden sie Gruppen. An die Pinnwand heftet jede Gruppe ihre Fragen an Herrn Endres und seine Arbeiter. *Überschriften:* Beschaffung, Herstellung (= Produktion), Verkauf (= Absatz). *Zeichnung:* Darstellung einer Pinnwand mit wichtigen Begriffen zum Stichwort Beschaffung (Früchte? Woher? Gebäude? Maschinen? Fahrzeuge? Arbeiter?), Herstellung (Vorbereitung? Herstellungsschritte? Maschine? Tagesablauf eines Arbeiters? Umweltschutz?) und Verkauf (Großhändler? Getränkemarkt? Transport? Kundenbetreuung? Werbung? Preise?). Unter der Zeichnung werden weitere Stichworte aufgeführt: Abfall und Mehrwegflaschen.	1. Erklärt die Begriffe Beschaffung, Herstellung und Verkauf! 2. Überlegt, welchen Betrieb ihr erkunden könnt! 3. Bereitet eure Erkundung vor! Verteilt die Aufgaben! Überlegt, was ihr wissen wollt!

Abb. 10: Schulbuchseite: Wir erkunden einen Betrieb

als konkrete Einzelereignisse, sondern als Vertreter eines Ereignistyps zu erfassen, die auch anders realisiert sein könnten, also als Prototypen eines Begriffs.

Unseres Erachtens ist es notwendig, den Vorgang der Herstellung eines Gegenstandes im Unterricht zu simulieren, um ein anschauliches Verstehen der Komponenten der Produktion anzubahnen. Erst dann kann die Herstellung von Waren oder Dienstleistungen in handwerklichen, industriellen, landwirtschaftlichen oder Dienstleistungsbetrieben in ihrer Besonderheit nachvollzogen werden, geht es doch darum, sowohl den Vorgang der Herstellung zu verstehen wie die Herstellung unter hauswirtschaftlichen und industriellen Bedingungen zu unterscheiden. Wir schlagen vor, die Herstellung, in Abhängigkeit von der geplanten Betriebsbesichtigung und des dort hergestellten Produkts, zunächst im Klassenraum durchzuführen.

Soll tatsächlich eine Apfelsaftfabrik besichtigt werden, könnte im Klassenraum die Herstellung von Apfelsaft erfolgen. Benötigt werden Äpfel, eine Presse, ein Sieb, ein Behälter zum Auffangen von Saft, Flaschen und Flaschenverschlüsse und eine Kiste zur Lagerung resp. zum Transport der Flaschen. Die Herstellung von Apfelsaft sollte vorbereitet und durchgeführt und der Vorgang in seinen einzelnen Schritten in einer Zeichnung und mit einfachen Sätzen von den Kindern festgehalten werden. Die Schülerinnen und Schüler sollten am Ende dieses Unterrichts ein mentales Modell vom Vorgang der Apfelsaftherstellung aufgebaut haben.

Auf dieser Grundlage kann dann eine Betriebsbesichtigung vorbereitet werden. Dabei sind zwei verschiedene Lernprozesse anzubahnen, nämlich das Erkennen der Besonderheiten der Herstellung von Apfelsaft unter industriellen Bedingungen und das Beobachten dieses Vorgangs (Vorgang der Herstellung) und das Nachdenken über die Vorbereitung und Durchführung der Apfelsaftherstellung und ihrer Vermarktung. Aspekte, die nicht durch direkte Beobachtung zu erfassen sind, müssen erfragt werden. Fragen der Schülerinnen und Schüler sind in Vorbereitung des Gesprächs mit den Experten zusammenzustellen mit dem Ziel, aus ihrer systematisch angelegten Befragung neues Wissen zu erschließen. Zur Vorbereitung der Befragung sind die Rollen zu klären. Wer fragt was? Wer protokolliert die Ergebnisse?

Es ist zu klären, in welcher Absicht Betriebe etwas produzieren. Sie wollen, um Gewinn zu erzielen, die Produkte verkaufen. Es geht also nicht um die Deckung eines eigenen Bedarfs, wie unter Bedingungen hauswirtschaftlicher Produktion, sondern um den Verkauf (= Absatz) von Produkten mit dem Ziel von Einnahmen (Geld).

Wenn ein Verständnis der Zielsetzung betrieblicher Produktion erarbeitet wurde, können zu den Fragen: Was wird für die Herstellung gebraucht? (Zusammenstellung der notwendigen materiellen Voraussetzung); Wie geschieht die Herstellung? (Vorgang); Wie soll es verkauft werden? (Absatz) Überlegungen zusammengetragen werden. Die Oberbegriffe »Beschaffung«, »Herstellung«, »Verkauf« sollten an Beispielen geklärt werden. Das Zusammentragen des Vorwissens oder eigener Vermutungen kann in der Schulklasse durch Zusammenstellen von Begriffen erfolgen, die gemeinsam geordnet werden (vgl. die Abbildung auf Seite 79, Arbeitsauftrag 1).

Um die Betriebserkundung vorzubereiten (vgl. Frank 2003, 79; Arbeitsauftrag 3) sollten Vermutungen zum Vorgang der Herstellung und Beobachtungsaufgaben zusammengestellt werden. Zusätzlich sind, bezogen auf Beschaffung und Verkauf, Fragen an die Experten zu formulieren. Dabei müsste deutlich werden, dass die Beobachtung des Herstellungsvorganges darauf zielt, eigene Vermutungen über die Realität mit dem tatsächlichen Vorgang zu vergleichen und ungenügende und falsche Vorstellungen zu korrigieren. Das Befragen der Experten dient dazu, Nichtwissen durch Wissen zu ersetzen.

Eine Nachbearbeitung der Erfahrungen bei der Betriebsbesichtigung muss daher dem *Basismodell der Reflexion* genügen, also Erwartungen oder andere Wertmaßstäbe mit dem konkreten Ereignis in Beziehung setzen und daraus Folgerungen ziehen. Haben wir gesehen, was wir sehen wollten? Kennen wir jetzt die Besonderheiten dieser Produktion? Verstehen wir den Unterschied und die Ähnlichkeiten zu unserer Simulation? Können wir die erarbeitete begriffliche Struktur anwenden, um das Gesehene zu ordnen?

Die Schulbuchseite zeigt, wie in der Apfelsaftfabrik aus Äpfeln Saft hergestellt wird. Wir halten es für sinnvoll, dass – basierend auf einer Betriebserkundung – mit den Schülerinnen und Schülern dieser Vorgang im Unterrichtsgespräch oder in Gruppen durchgear-

Seite und Thema	Gestaltung	Arbeitsaufträge
S. 80 **Wie wird aus Äpfeln Saft?**	Die Schulbuchseite enthält 6 Fotos, die in der Reihenfolge der Herstellung von Apfelsaft (nummeriert) präsentiert werden. Unter jedem Bild ist eine Bildunterschrift: Im Herbst werden die Äpfel geerntet und zur Saftkellerei gebracht (1). Die Früchte werden gewaschen und sortiert (2). Die Äpfel werden zu Maische (Brei aus Fruchtfleisch, Kernen und Schalen) zerdrückt (3). Nachdem die Maische gepresst und geschleudert wurde, ist ein trüber Apfelsaft entstanden (4). Der Saft wird gefiltert und ca. 20. Sek. auf 70 Grad Celsius erhitzt. Durch das Pasteurisieren wird der Saft ohne Konservierungsmittel haltbar gemacht (5). In der Abfüllanlage wird der fertige Saft in Flaschen gefüllt (6).	1. Beschreibt die Herstellung von Apfelsaft! 2. Warum ist es notwendig, dass der Apfelsaft von Labors ständig kontrolliert wird?

Abb. 11: Schulbuchseite: Wie wird aus Äpfeln Saft?

beitet wird. Die Lehrkraft könnte die Schulbuchseite dafür nutzen, für unterschiedlich kompetente Kinder verschiedene Stützstrukturen zu entfalten. Dazu könnten einige Kinder die Bilder in der richtigen Reihenfolge erhalten und einzelne, durcheinander gewürfelte Sätze des Textes zuordnen, oder sie könnten die durcheinander gewürfelten Bilder und Texte in die richtige Reihenfolge bringen oder den Vorgang weitgehend ohne Hilfe erarbeiten und die Schulbuchseite zur Kontrolle einsetzen (vgl. Mischke 2003 a). Mit den Schülerinnen und Schülern könnten Fragen der Verunreinigung und der Verhinderung von Gärungsprozessen (in Anschluss an Bild 5) geklärt werden.

Die Wissensstruktur der Schülerinnen und Schüler ist durch diesen Unterrichtsabschnitt durch die exemplarische Erarbeitung eines Produktionsprozesses dahingehend erweitert worden, dass jetzt die Produktion oder Versorgung durch einen Betrieb als Abfolge von Arbeitsschritten gedacht werden kann, bei denen Beschaffung, Produktion, Verkauf als Ordnungsbegriffe verwendet werden können. Damit das Beispiel nicht falsch generalisiert wird, ist es nützlich, abweichende Formen zu zeigen oder zu besprechen.

Seite und Thema	Gestaltung	Arbeitsaufträge
S. 81 **Wie wird der Saft verpackt und gelagert?**	Überschrift mit sieben Bildern und folgenden Unterschriften: • Flaschen und Kästen werden bereitgestellt. • Flaschen werden gewaschen. • Apfelsaft wird abgefüllt. • Etiketten werden angebracht. • Volle Flaschen werden in Kästen gesetzt. • Leergut und volle Flaschen werden gelagert.	1. Erklärt, welche Arbeiten nötig sind, bis der Apfelsaft an Getränkemärkte ausgeliefert werden kann! 2. Überlegt, welche Rohstoffe und wo Energie bei der Herstellung, Verpackung und Lagerung von Apfelsaft verbraucht werden! 3. Was muss beim Preis für eine Apfelsaftflasche alles berücksichtigt werden?

Abb. 12: Schulbuchseite: Wie wird der Saft verpackt und gelagert?

Nachdem geklärt wurde, wie aus Äpfeln Saft wird, wird ein weiteres Problem in den Fragehorizont der Schülerinnen und Schüler gerückt. Die Schulbuchseite (Frank u.a. 2003, 81) steht unter der Überschrift: »Wie wird der Saft verpackt und gelagert?« Dazu wird noch einmal aufgegriffen, was für die Produktion von Apfelsaft (neben Gebäuden, Maschinen, Äpfeln) bereitgestellt werden muss, nämlich Flaschen, Etiketten, Kisten, Transporter, Apfelsaft und Lagerfläche. Detailfragen der Beschaffung und Herstellung werden unter dem Focus genutzter Rohstoffe und verbrauchter Energie aufgegriffen, wobei auf dieser Schulbuchseite Fragen des Verkaufs ausgeblendet bleiben.

In einem zusätzlichen Text wird die Herstellung von Apfelsaft mit der Zielsetzung des Verkaufs unter betriebswirtschaftlicher Perspektive aufgenommen; das Motiv, einen Gewinn zu erzielen, wird durch den Text dargestellt.

> »*Zur Herstellung von Apfelsaft werden Rohstoffe, Materialien, Arbeiter und Energie benötigt. Das alles kostet Geld. Der Firmenchef, Herr Endres, kalkuliert den Preis für eine Flasche Apfelsaft: Nachdem die Früchte von den Bauern gekauft wurden, stellen die Arbeiter mithilfe von Maschinen in mehreren Arbeitsgängen den Apfelsaft her. Dann müssen Saftflaschen gekauft und gewaschen werden. Mit Maschinen wird der Saft abgefüllt und die von der Druckerei gelieferten Etiketten aufgeklebt. Die Saftflaschen werden in gekaufte Plastikkästen hinein gestellt. Auch die Lagerung und der Transport zu den Kunden kostet Geld. Zum Schluss möchte Herr Endres einen Gewinn erzielen.*« (Frank u.a. 2003, 81)

Betrachtet man diese Schulbuchseite, dann soll der Betrieb nicht nur als Produktions-, sondern auch als Wirtschaftseinheit verstanden werden. Die Schülerinnen und Schüler sollen eine erweiterte Vorstellung von Fragen der Beschaffung und Herstellung erhalten.

Zusätzlich ist der Gedanke vom Betrieb als Wirtschaftseinheit einzuführen, damit die Vermehrung des eingesetzten Geldes durch Produktion und Verkauf und das Erzielen eines Gewinns deutlich wird. Dazu sind die Kosten für Herstellung, Produktion und Verkauf zu kalkulieren. Die Schüler werden aufgefordert, den Prozess von Beschaffung, Herstellung und Lagerung unter Kostengesichtspunkten rechnerisch zu kalkulieren, die Erzielung eines Gewinns mitzudenken und zu rechnen. Basierend auf dem vorgestellten Prozess von Beschaffung, Herstellung, Lagerung und Transport ist durch mathematisches Modellieren und evtl. mathematisches Operieren ein neuer Lernprozess anzubahnen.

Seite und Thema	Gestaltung	Arbeitsaufträge
S. 82 **Von der Kelterei zum Kunden**	Fünf Bilder mit folgenden Bildunterschriften: • Mit Lkws werden die Saftflaschen von der Kelterei weggefahren. • Mit der Bahn werden die Saftflaschen in die Stadt transportiert. • Mit Lkws werden die Saftflaschen zu einem Großhändler gebracht. • Mit Lkws werden die Saftflaschen zum Getränkemarkt gefahren. • Mit Pkws holen die Verbraucher die Saftflaschen ab.	1. Beschreibe, wie die Saftflaschen von der Kelterei zu den Verbrauchern kommen. 2. Überlege Vor- und Nachteile des heutigen Warentransports! 3. Wie könnten Straßen und Umwelt sinnvoll entlastet werden?

Abb. 13: Schulbuchseite: Von der Kelterei zum Kunden

Auf dieser Schulbuchseite wird nicht verdeutlicht, wie der Transport des Apfelsafts zu den Getränkemärkten erfolgt, damit dort der Verkauf stattfinden kann, sondern es wird nur der Transport zum Thema gemacht. Der auf der Schulbuchseite dargelegte Zusammenhang von Beschaffung, Herstellung und Verkauf wird nicht zu Ende gedacht. Zwar wird der Weg vom Apfelsaft zum Verbraucher gezeigt, der Kreislauf von Ware und Geld aber nicht verfolgt. Die Schulbuchseite beschränkt sich auf den Transportweg der Saftflasche von der Kelterei zum Verbraucher und auf die Transportmittel.

Der Focus des Sachtextes und der Arbeitsaufgaben steht unter ökologischer Perspektive, die jedoch nicht genügend deutlich wird. Schülerinnen und Schüler müssen eigenes Wissen mobilisieren, um die gestellten Arbeitsaufträge bearbeiten zu können. Hier muss die Lehrkraft entscheiden, ob genügend Unterrichtszeit verfügbar ist, um den Lernprozess durch eine übergeordnete Betrachtungsweise zu vervollständigen oder ob das zu einem späteren Zeitpunkt geschehen soll, wenn zusätzliche erworbene Vorkenntnisse genutzt werden können

Die Lehrkraft müsste an dieser Stelle den Lernprozess auf zweierlei Weise unterstützen; einmal könnte sie den Weg der Ware von der Herstellung im landwirtschaftlichen Betrieb, Verarbeitung in der Fabrik (industrieller Betrieb), Transport zum Käufer (Dienstleistungsbetrieb) darstellen und die Erzielung von Gewinn im Rahmen dieses Prozesses verdeutlichen. Die Fragen des Schulbuches können nur sinnvoll besprochen werden, wenn der Transport unter ökologischer Perspektive und die damit verbundenen Aspekte des Verbrauchs von Energie und des Erzeugens von Abgasen, die die Umwelt belasten, herausgearbeitet und als Alternative die Stärkung der regionalen Wirtschaft (Herstellung und Verbrauch) erarbeitet würde. Dies könnte unter Anwendung des *Basismodells Problemlösung* erfolgen. Hier sind den Schülerinnen und Schülern die zur Lösung notwendigen Teilinformationen zugänglich zu machen. Sie sollen an einem Arbeitsauftrag arbeiten, der eine Umstrukturierung und Bearbeitung der Daten ermöglicht, um die Lösung der Aufgabenstellung zu finden.

Auch wenn die weiteren Schwerpunktsetzungen im Rahmen dieser Einheit hier nicht mehr besprochen werden, so kann doch gesagt werden, dass die Planung dieses Schulbuches uns deshalb gefällt, weil sie – aus globaler Perspektive – an wichtige Fragen heranführt und einzelne Aspekte des Themas sinnvoll vertieft. Die Schulbuchseiten legen nahe, nicht von Einzelstunde zu Einzelstunde zu planen, sondern einen Stoffverteilungsplan für die gesamte Unterrichtseinheit vorzunehmen und über die Lernprozesse in dieser Einheit genauer nachzudenken. Aus dieser Gesamtplanung der Unterrichtseinheit erhält dann die einzelne Stunde ihren genauen didaktischen Ort.

Ein Planungsraster

Wenn wir – unter pragmatischen Gesichtspunkten – unsere Überlegungen in ein Raster zur Vorbereitung des Unterrichts übersetzen, dann schlagen wir Ihnen vor, vorliegende Planungsraster zu erweitern. Statt einer Unterrichtsplanung unter den Kriterien

Erwartetes Schülerverhalten	Geplantes Lehrerverhalten	Didaktischer Kommentar

Abb. 14: Planungsraster nach Schulz, 1968

oder

Zeit	Phasen	Unterrichtsschritte	Sozialformen Lehr-/Lernformen	Medien

Abb. 15: Planungsraster nach Meyer, 2002

schlagen wir Ihnen die Verwendung des folgenden Planungsrasters vor, in der Absicht, das Nachdenken über Basismodelle des Lernens zu befördern.

Ziele des Unterrichts	**Inhalte des-Unterrichts**	**Basismodell des Lernens (Lern-prozess)**	**Lehr-Lern-Arrangement unter Angabe von Oberflächen- und Tiefenstruktur**	**Lernkontrolle (Monitoring)**	**Zeit**
...	...	...	...	...	...

Abb. 16: Das Planungsraster der integrativen Didaktik

Wir wollen die Verwendung dieses Rasters an einem Beispiel illustrieren und greifen dafür auf die Vorbereitung der Betriebserkundung durch Apfelsaftproduktion im Klassenzimmer zurück.

Ziele des Unterrichts	**Inhalte des-Unterrichts**	**Basismodell des Lernens (Lernprozess)**	**Lehr-Lern-Arrangement unter Angabe von Oberflächen- und Tiefenstruktur**	**Lernkontrolle (Monitoring)**	**Zeit**
Die Sch. können die Schrittfolge bei der Herstellung von Apfelsaft im Haushalt beschreiben	Wie wird Apfelsaft gemacht?	Erarbeiten eines Sachverhalts	L. führt die Herstellung von Apfelsaft vor	Die Sch. können die beobachteten Arbeitsschritte beschreiben	20 Min.
Die Sch. verstehen die Bedeutung der Teilprozesse			Tafelbild Arbeitsschritte	Die Sch. können die Tätigkeiten den Überschriften zuordnen: Beschaffen Waschen Zerkleinern Pressen Filtern Aufbewahren	10 Min.
			Katalog der kritischen Merkmale an der Tafel erarbeiten	Sie können die besonderen Merkmale des jeweiligen Arbeitsschritts benennen	15 Min.

Ziele des Unterrichts	Inhalte des-Unterrichts	Basismodell des Lernens (Lernprozess)	Lehr-Lern-Arrangement unter Angabe von Oberflächen- und Tiefenstruktur	Lernkontrolle (Monitoring)	Zeit
Die Sch. entwickeln Beobachtungsaufträge und Fragen für die Erkundung	Unterschied von Haushalt und Betrieb bei den Teilschritten Ausführungsplanung	Handlungsplanung	Pinnwand mit folgenden Fragen: Was kann man sehen? Was wollen wir wissen? 1. Plenum 2. Gruppenarbeit 3. Zusammenfassung im Plenum Liste: Wer macht was?	Sch. benennen Unterschiede Die Gruppen formulieren Fragen oder Beobachtungsaufgaben Plenum-sortiert Sch.-Gruppen übernehmen Aufgaben	10 Min. 15 Min. 10 Min. 10 Min.

Abbildung 17: Arbeit mit unserem Planungsraster – ein Beispiel

Lernprozesse und Methoden

In diesem Kapitel über Methoden des Unterrichts möchten wir zunächst auf das Verständnis von Methoden in verschiedenen didaktischen Modellen eingehen und verdeutlichen, dass die jeweilige Auffassung vom Lernen auch das Methodenverständnis betrifft. Dabei grenzen wir den fachwissenschaftlichen resp. fachdidaktischen vom schulpädagogischen Methodenbegriff ab. Wir wollen die Frage in den Mittelpunkt rücken, wie Methoden (als Teil von Lehr- und Lernmethoden) dabei helfen können, Lernprozesse der Schülerinnen und Schüler zu befördern. Auf dieser Grundlage erhellen wir am Beispiel der Fallstudie, welche Lernprozesse im Rahmen einer Methode praktisch werden. Die Sicherheit in der Verwendung einer Methode basiert auf geübten Lernprozessen, die von den Schülerinnen und Schülern dabei zu vollziehen sind. Dann versuchen wir am Beispiel des Unterrichtsgesprächs zu verdeutlichen, dass eine Methode unterschiedlich genutzt werden kann. Je nach zu organisierendem Lernprozess muss sie anders konkretisiert werden. Abschließend stellen wir uns der Frage, wie Schülerinnen und Schüler methodische Kompetenz erwerben können.

Das Verständnis von Methoden

Die Unterrichtsmethoden werden in manchen didaktischen Überlegungen weitgehend ignoriert; in anderen didaktischen Konzeptionen wird über sie explizit nachgedacht. In der *lehr-lerntheoretischen Didaktik*, die die wechselseitige Abhängigkeit der Strukturmomente in den Blick nimmt, kommt der Methodik ein relativ selbstständiger Status zu. Ziele und Inhalte des Unterrichts machen sich nicht nur an Stoffen fest, sondern ergeben auch bestimmte Zugriffs- und Bearbeitungsmöglichkeiten. In der *lernzielorientierten Didaktik* wird unter technologischer Perspektive die Effektivität einzelner Unterrichtsmethoden für das Erreichen eines Lernziels erfasst (vgl. auch Schulze 1993, 141). In der *konstruktivistischen Didaktik* spielen Methoden zur Konstruktion, Rekonstruktion und Dekonstruktion eine entscheidende Rolle. In einer Unterrichtstheorie als Handlungstheorie kann Methodik als Theorie des unterrichtlichen Planens und Handelns verstanden werden. Bei einem solchen Verständnis sind Lehrkräfte aufgefordert, basierend auf vorliegenden Lehrplänen

> *»ein Thema (d.h. eine Überschrift in einem Lehrplantext) in einen situativen Handlungszusammenhang (d.h. eine unterrichtliche Lehr-Lern-Situation) zu verwandeln. Das ist eine Art Transformationsprozess.«* (Schulze 1993, 146)

Auffassungen vom Lernen und Methoden

Die jeweilige Auffassung vom Lernen in institutionellen Kontexten beeinflusst auch Auswahl, Einsatz und Bewertung von Methoden.

Eine erste Vorstellung begreift die Unterrichtsmethode *als Weg zu einem (bereits feststehenden) Ziel.* Das methodische Problem wird darin gesehen, den effektivsten Weg der Vermittlung von Inhalten, auch unter zeitökonomischen Gesichtspunkten anzugeben. Dabei werden Methoden des Lehrens (Vermittlungsmethoden) von denen des Lernens (Lernmethoden) unterschieden. *Vermittlungsmethoden* basieren auf der Perspektive der Lehrkraft, die ihren Unterricht als Lehrveranstaltung konzipiert mit dem Ziel, bei den Schülerinnen und Schülern Lernen zu bewirken. Der Unterricht wird unter Gesichtspunkten der Lehrintentionen, des Verlaufs und geeigneter Wege zur Vermittlung eines Inhalts betrachtet. Vermittlungsmethoden sind z.B. der Vortrag, das Zeigen und Erklären, die Demonstration, der Impuls. Hier stellt sich die Frage, ob beim nachvollziehenden Lernen (durch Zuhören und Mitdenken) gelernt wird, ob das Lehren Lernen bewirkt. Die zweite Blickrichtung zielt auf Möglichkeiten der Gestaltung aktiven Lernens durch die Schülerinnen und Schüler. Hier geht es um die Vermittlung geeigneter Lernstrategien und Lerntechniken (*Lernmethoden*). Beim Nachdenken über Lehr- und Lernmethoden wird meist nach dem Grad der Offenheit oder Geschlossenheit und dem Grad der Lenkung der Lernprozesse durch Methoden gefragt (vgl. Wiechmann 1999, 15ff.).

Ein zweiter Denkansatz begreift Unterrichtsmethoden *als Ziel des Lehr- und Lernprozesses*. Werden selbstbestimmte Lernprozesse als bedeutsam erachtet, wird die Methode selbst zum Ziel und die Frage nach dem Zusammenhang von Unterrichtsmethoden und Lernstrategien der Schülerinnen und Schüler aufgeworfen. Diese Akzentsetzung findet sich im Kontext reformpädagogischen Denkens, das die Selbstständigkeit der Schülerinnen und Schüler durch Arbeitsunterricht ebenso wie durch freie geistige Tätigkeit fördern will. Heute erhalten in Überlegungen zum Lernen als Rekonstruktion, Konstruktion und Dekonstruktion Formen entdeckenden und problemlösenden Lernens neue Wichtigkeit. Kritiker verweisen auf den oftmals hohen Zeitaufwand dieses Ansatzes und auf die Notwendigkeit der Sicherung der Arbeitsergebnisse. Die Wertschätzung von Methoden für die Schülerin oder den Schüler geht oftmals mit einer Kritik an herkömmlichen Formen der Organisation von Unterricht und Schule einher; man fordert die »Veränderung der schulischen Lernorganisation« (Schulze 1993, 152).

Bei einem dritten Verständnis wird nach den jeweiligen Lernprozessen als Voraussetzung für die Entwicklung von Lehr- und Lernmustern gefragt (vgl. Adl-Amini 1993, 86). Dabei geht es um die Frage, was beim Lernen vor sich geht, d.h. welche psychischen und mentalen Prozesse jeweils in Gang gesetzt werden. Die Ergründung der Lerngesetze erscheint als zentrale Aufgabe unterrichtsmethodischer Forschung.

Zum Methodenbegriff

Methoden als Wege zur Erkenntnis haben ihre Grundlage in der jeweiligen Disziplin und in deren Vorgehensweisen. Die Aufgabe eines wissenschaftsorientierten Fachunterrichts besteht nicht nur darin, in die besonderen Fragestellungen und Probleme eines Faches einzuführen und ausgewähltes Fachwissen zu vermitteln, sondern die je besonderen Methoden, mit denen es gewonnen wird, vorzustellen und zu vermitteln.

> »*Bildender Unterricht vermittelt nicht nur, was man über ein Problem weiß, sondern auch, wie man es herausgefunden hat, und was man warum nicht oder nicht genau genug weiß. Die fachspezifischen Methoden sind es, die verhindern, dass der Unterricht zu einem bloßen Austausch von Meinungen wird. Die Methoden gelten für Lehrer wir für Schüler gleichermaßen, sie sind für beide der Maßstab des Erkennens und Sprechens darüber, und der eigentliche Vorsprung des Lehrers besteht darin, diese Methoden zu kennen – ihre Bedeutung wie auch die Grenzen ihrer Reichweite.*« (Giesecke 2002, 75)

Unter wissenschaftspropädeutischer Perspektive fragen wir nach Möglichkeiten einer angemessenen Einführung in fachspezifische Methoden. Sie müssen – je nach Stufe des Wissens und Könnens – unterschiedlich komplex entwickelt und eingesetzt werden.

Die fachdidaktische Methodendiskussion kann von der unterrichtstheoretischen Diskussion unterschieden werden; in der didaktischen Literatur gibt es keinen einheitlichen Methodenbegriff (vgl. auch Kiper 2001, 133ff.). Wir schließen uns folgender Auffassung von Unterrichtsmethoden an:

> »*Wie viele Didaktiker unterscheiden wir zwischen Unterrichtsmethode (Singular) und Unterrichtsmethoden (Plural). Der methodische Verlauf einer Unterrichtseinheit lässt sich beschreiben als eine Abfolge verschiedener Unterrichtsmethoden (Plural). Unterrichtsmethode (Singular) kann gesehen werden als die zeitliche Abfolge von Unterrichtsmethoden in Verbindung mit Interaktionen (Unterrichtssyntax). Die Zeitreihe der Unterrichtsmethoden (Elemente des Lexikons Unterrichtsmethode) beschreibt den diachronischen Aspekt der Unterrichtssyntax. Die Voraussagbarkeit von Unterrichtsmethoden kann betrachtet werden als Wahlmöglichkeit zwischen verschiedenen syntaktischen Alternativen. Die dieser instrumentellen Fassung von Unterrichtsmethode zugrunde*

liegende These ist, dass die einzelnen syntaktischen Elemente selbstständige Existenz besitzen, ihren didaktischen Sinn aber nur in ihrem zeitlichen Zusammenhang erhalten. Dieser Zusammenhang ist hinsichtlich Synchronie (Konfiguration) und Diachronie (Zeitreihe) zu beschreiben.« (Hage u.a. 1985, 15)

Unsere Fragestellung bei der Wahl von Methoden

Wenn wir mit Fritz Oser und Franz J. Baeriswyl (2001) Sicht- und Tiefenstrukturen des Unterrichts unterscheiden und uns der These anschließen, dass der Unterricht auf der Ebene der Sichtstruktur den zu organisierenden Lernprozessen (auf der Grundlage einer Lernstrukturanalyse) entsprechen muss, geht es bei der Wahl der Methoden um die Frage, ob sie geeignet sind, die jeweils intendierten Lernprozesse zu befördern, ob sie die Vermittlung durch die Lehrkraft resp. ob sie in geeigneter Weise das selbstständige Lernen der Schülerinnen und Schüler unterstützen. Basierend auf der von uns entwickelten integrativen Didaktik diskutieren wir Methoden unter folgenden Gesichtspunkten:

- Wird die Methode den Strukturen des Lerngegenstandes gerecht? Ist die Methode sachlich angemessen? Passt die Methode für das Lernen im jeweiligen Fach oder Lernbereich (Domäne)?
- Ist die gewählte Methode geeignet, einen Sachverhalt in den Lernhorizont des Schülers oder der Schülerin zu rücken?
- Fördert die gewählte Methode die Lernprozesse der Schülerinnen und Schüler?
- Fördert die Methode das selbstständige Lernen der Schülerinnen und Schüler? Ist sie geeignet, von den Schülerinnen und Schülern in ihr Repertoire an Arbeits- und Lerntechniken aufgenommen zu werden?
- Wird die Methode auf dem jeweils angestrebten Kompetenzstufenniveau eingesetzt und konkretisiert?

Wir fragen, inwiefern es gelingen kann, passend zu dem zu organisierenden Lernprozess (auf der Grundlage einer Lernstrukturanalyse), die geeigneten Methoden auszuwählen (vgl. Bönsch 1997; Oser/Baeriswyl 2001; Glöckel 2003, 176ff.). Da wir davon ausgehen, dass der Lernprozess sowohl von der Seite des Lehrers wie des Kindes oder Jugendlichen zu bedenken ist und sowohl Lehr- wie Lernmethoden zu wählen sind, fragen wir danach, durch welche Lehr-Lernarrangements eine Lehrkraft dazu beitragen kann, die jeweiligen Lernprozesse zu befördern. Unter Lehr-Lernarrangements verstehen wir mit Wilhelm H. Peterßen (1999, 27) das Auswählen und Zuordnen von Methoden, Medien und Sozialformen.

Wie schon ausgeführt, können Methoden sowohl Ziel als auch Instrumente des Unterrichts sein. Daher ist bei der Auseinandersetzung um Methoden zu unterscheiden, ob sie instrumentell-technisch eingesetzt werden, um ein Ziel zu erreichen oder ob ihre eigenständige Nutzung im Unterricht und darüber hinaus, also ihr gesicherter Erwerb, das Ziel des Unterrichts ist. Wir gehen davon aus, dass Lehrkräfte unter einer dreifachen Fragestellung Methoden überprüfen müssen, nämlich unter dem Gesichtspunkt der Passung von Methoden zu den zu erwerbenden (fachspezifischen) Kompetenzen und der jeweiligen Stufe der Kompetenz, unter dem Gesichtspunkt der Beförderung der jeweils anzulegenden Lernprozesse durch Methoden; dabei kommen Methoden des Lehrers wie der Schülerinnen und Schüler in den Blick; und unter dem Gesichtspunkt der eigenständigen Nutzung von Methoden durch die Schülerinnen und Schüler.

Zur Unterscheidung von basalen Lernprozessen

An dieser Stelle halten wir es für nötig, noch einmal die Frage nach grundlegenden Lernprozessen, die in der Schule zu organisieren sind, aufzuwerfen. Dazu liegen in der Literatur unterschiedliche Vorschläge vor (vgl. Aebli 2001; Hage u.a. 1985; Oser/Baeriswyl 2001; Glöckel 2003). Sicherlich wird zukünftig – in Kooperation zwischen Wissenspsychologie, Allgemeiner Didaktik und Fachdidaktiken – hier noch genauer nachgedacht werden. Wir stützen uns weitgehend auf die Überlegungen von Fritz Oser und Franz J. Baeriswyl, versuchen aber, eine konsistentere Liste von Basismodellen vorzustellen. Eine Leitlinie für die Abfolge der Basismodelle des Lernens im Unterricht gibt die Idee, zunächst nach Lernformen bei der Aufnahme von Informationen, bei der Verarbeitung der Informationen und schließlich bei der Ausführung von Aktionen/Handlungen zu fragen. Lernen, als Veränderung des Handelns, Erlebens und Verhaltens einer Person, kann z.B. durch folgende Basismodelle bewirkt werden:

1. Erfahrungen machen

Dabei sind die folgenden Elemente konstitutiv:

1. Erfahrung ist mit der eigenen Person über die Aktivitäten in einer Situation verknüpft. Das Lernen durch Erfahrungen beginnt daher mit der Reflexion der potenziell möglichen eigenen Aktivitäten und deren Kontextbedingungen.
2. Die Aktionen sind in geeignetem Kontext auszuführen.
3. Die Bedeutungen der mit der Aktivität verknüpften Erlebnisse sind durch sozialen Austausch zu entfalten, daher müssen die Lernenden über ihre Erlebnisse berichten.
4. Auf der Grundlage einer Analyse der gemeinsamen Elemente unterschiedlicher subjektiver Wahrnehmungen wird nach Generalisierungsmöglichkeiten gesucht.
5. Abschließend kann die Reflexion ähnlicher Erfahrungen in den Geschichten anderer oder in Texten erfolgen.

2. Wissen erwerben

Dazu gehört, die Bedeutung eines Wortes erfassen. Dazu sind Vorkenntnisse zu aktivieren; ein prägnantes Beispiel wird gegeben und mit der neuen Bedeutung verknüpft. Die spezifischen Merkmale werden herausgearbeitet bzw. durch Kontrastierung verdeutlicht. Die aktive Anwendung der erworbenen Wortverwendung und die

Erweiterung des Kontextes ermöglichen die Festigung des Wortes und seiner Bedeutung.

Dazu gehört weiter, einen Begriff zu bilden. Hier wird angenommen, dass es nicht nur um eine Benennung geht, sondern um die Bildung einer Klasse von Objekten. Auch hier sind die Vorkenntnisse zu aktivieren. Anhand der Vorstellung eines Prototyps der Objektklasse ist der Begriff anzubahnen; durch die Analyse der kritischen Attribute und durch die Abgrenzung gegenüber Objekten, die nicht dazugehören, wird der Begriff erarbeitet. Durcharbeiten des Begriffs im Sinne von Anwendung, Analyse und Syntheseaufgaben festigt die Begriffsbildung. Die Anwendung in erweiterten Kontexten unter Hinzuziehen unterschiedlicher, aber ähnlicher Konzepte erweitert das Wissenssystem.

Dazu gehört, einen Sachverhalt oder/und einen Vorgang zu erfassen und in einem mentalen Modell *zu repräsentieren.* Hierbei geht es einerseits um die Entwicklung von komplexeren begrifflichen Zusammenhängen, andererseits um die explizite Verknüpfung mit Vorstellungsbildern oder Ablaufschemata. Zunächst ist ein Überblick über das Gesamtgeschehen zu gewinnen. Relevante Teile sind analytisch abzugrenzen und in ihrer Rolle im Gefüge des Ganzen zu bestimmen. Für die Teile gilt dann ein Vorgehen analog zur Begriffsbildung. Wird der Aufbau von Vorstellungsbildern angestrebt, ist – von der Beschreibung des Vorgangs ausgehend – die Bildung von Modellen anzuregen und durch visuelle Darstellung zu unterstützen. Der Durchlauf durch das gesamte Wissensgefüge mit unterschiedlichem Auflösungsgrad – mal nur die Verkettung der Elemente, mal einzelne Elemente in unterschiedlich feiner Durchstrukturierung – sorgt für ein flexibel einsetzbares Wissenssystem.

3. Reflexion/Kontemplation über Inhalte und über Werte

Hier sind die konkreten Erlebnisse zu aktivieren und in ihrer Bedeutung zu erkennen. Dazu ist nötig, die subjektiv unterschiedlichen Interpretationen der Erlebnisse als abhängig von Bezugssystemen (biografischen Erfahrungen oder unterschiedlichen Ordnungs- oder Wertsystemen) zu verstehen. Hilfreich ist der Perspektivenwechsel, um die Veränderbarkeit der Bedeutung bei Anwendung eines anderen Bezugssystems erfahren zu können. Die abschließenden Überlegungen sollten die persönliche Bedeutung trotz des Wissens um die potenzielle Perspektivität der Interpretationen thematisieren. Die Reflexion von Inhalten bedient sich sachlicher Bezugssysteme. Bei der Beurteilung von Handlungen geht es um den Bezug zu Wertvorstellungen. Bei der Reflexion von Werten ist eine Kompetenzsteigerung durch das Nachdenken über Wertsysteme und die Möglichkeiten der Legitimation von Werten möglich.

4. Handeln in der äußeren Welt und mental (eine Operation ausführen)

Da Handeln definitionsgemäß mit kontrollierter zielführender Aktion zu tun hat, sind folgende Schritte konstitutiv:

- Klärung der situativen Gegebenheiten
- Formulierung alternativer Ziele und Auswahl
- Generierung alternativer Handlungspläne
- Auswahl eines geeigneten Plans
- Ausführung mit Ausführungskontrolle
- Evaluation der Handlungsergebnisse u. Reflexion des Prozesses.

Beim Aufbau einer inneren Handlung ist eine Schrittfolge der Verinnerlichung zu organisieren. Ausgehend von einer zunächst äußeren Handlung in der Welt oder an Modellen bis zur stummen inneren Handlung an einer mentalen Repräsentation ist ein Übergang durchzuführen; die Zahl der dazu notwendigen Teilschritte kann individuell stark variieren.

5. Problemlösen und Entdecken

Dieser Lernweg strebt den Wissensaufbau durch aktive Generierung und Nutzung der verfügbaren Informationen an. Dabei sollen sowohl neue Erkenntnisse über die Welt (deklaratives Wissen) gewonnen, als auch die Verwendung von Heuristiken erworben werden. Empfohlen wird eine Schrittfolge, die schleifenförmig zurückspringend abgearbeitet wird, bis die endgültige Lösung erreicht ist:

- Vorgabe oder eigenständige Definition eines Problems
- Analyse der Gegebenheiten
- Analyse der Ziele
- Analyse der Barriere(n)
- Entwicklung von Handlungsplänen (zur Informationsbeschaffung oder zur Lösung)
- Anwendung der Pläne
- Beobachtung und Evaluation der erzielten Ergebnisse
- Reflexion der Prozesse.

Diese Prozesse können von der Lehrperson durch Monitoring überwacht und, wenn angezeigt, durch Hilfestellung unterstützt werden. Wichtig ist, prozessbezogen und nicht durch Vorgabe von Lösungsteilen zu helfen.

6. Argumentieren – im Diskurs und – beim Aushandeln

Zunächst muss eine Rede/Situation als Fall von Argumentieren erkannt und definiert werden, dann werden die aufgetretenen Argumente in ihrem jeweiligen Gehalt analysiert. Es wird dann über Verfahren der Entscheidung über die Gültigkeit der Argumente bzw. über Möglichkeiten der Einigung nachgedacht; diese Verfahren werden angewendet und das Resultat evaluiert.

7. Gestalten/Ausdrücken durch Worte und Schrift und durch kreative Medien (Musik, Bild, Tanz)

Hier bedarf es einer Vorbereitung der Situation und einer Bereitstellung der Materialien. Es wird eine emotionale Ausgangslage erzeugt. Hilfreich ist die Erarbeitung von unterstützenden kognitiven Strukturen, die bei der kreativen Umsetzung der aufgebauten Energielage in eine Gestaltung verwendet werden können (Regeln der Gestaltung, Arbeitstechniken etc.). Dann erfolgt die kreative Umsetzung und anschließend eine Präsentation und Reflexion der Ergebnisse und Erfahrungen.

8. *Leistungssteigerung durch Entwicklung des Systems (qualitativer Sprung)*

Mit diesem Basismodell kommen längerfristige und einzelne Erfahrungen, transzendierende Lernprozesse in den Blick. Die in einzelnen Lernprozessen erfahrenen Diskrepanzen zu der bisherigen Denk- und Handlungsstruktur können in einer Person einen qualitativen Sprung bewirken, der sich auf alle anderen Bereiche der Leistungserbringung auswirkt. Taucht eine solche neue Stufe auf, ist die Anwendung der eben gewonnenen Möglichkeiten auf andere Felder sinnvoll und stabilisierend. Motor zur Veränderung sind gezielte und reflektierte Diskrepanzerlebnisse. Die Verarbeitung kann durch Hilfen, z.B. durch Gestaltung von strukturierten Erfahrungssituationen, Aufforderung zur Reflexion und Coaching, unterstützt werden. Das von Fritz Oser und Franz J. Baeriswyl aufgeführte Basismodell der Strategieverwendung ist in dieser Sicht kein eigenständiges Basismodell, sondern spezifischer Teil jedes Basismodells wie auch der ihm jeweils zugehörigen Kontrollprozesse.

Basismodelle des Lernens und Unterrichtsmethoden

Die folgenden Methoden zielen auf die Sichtstrukturen. Es wird darüber nachgedacht, wie ein Unterricht aussehen kann, der – auf der Tiefenstruktur – Lernen organisiert und den aufgeführten Basismodellen des Lernens verpflichtet ist. Soll z.B. das Basismodell der Erfahrung genutzt werden, kann dies durch Erzählen, Teilnahme an einer szenischen Darstellung oder durch ein selbst durchgeführtes Experiment erfolgen. Im Folgenden soll an *methodischen Grundformen* gezeigt werden, wie sich verschiedene Basismodelle des Lernens mit ihnen realisieren lassen.

Erzählen

Erzählen ist ein interaktives Geschehen. Es gibt eine Erzählerin oder einen Erzähler und eine oder mehrere Hörerinnen und Hörer. Oftmals ist es eingebunden in eine orale Tradition der Überlieferung von Sagen, Geschichten und Bräuchen. Es kann auch Selbsterlebtes zur Sprache kommen. Der Kern einer Erzählung ist die Episode. Episoden sind umfassende Ereignisse (events), in denen es um Handeln und Erleiden in einer bestimmten räumlichen oder zeitlichen Situation geht. Beim Erzählen geht es darum, Interesse zu wecken, Aufmerksamkeit zu erzeugen, eine Spannung aufzubauen, das Ereignis und die darin handelnden Gestalten dramaturgisch angemessen darzustellen und die Bedeutung der Erlebnisse für die handelnden Personen zu transportieren. Von daher muss eine Vorstellung von den Ereignissen resp. den Sachverhalten, den Personen und ihren Handlungen ebenso vermittelt werden wie Gefühle und Stimmungen, Bedeutungen und Bewertungen.

> *»Diese Bedeutungserlebnisse werden vom Sprecher laufend in Sprache übersetzt. Sprachmelodie, Sprachrhythmus und nichtsprachliche Ausdrucksbewegungen [...] unterstützen die Kommunikation mit dem Zuhörer.«* (Aebli 2001, 42)

Der Hörer muss die Sprache des Erzählers hören, Mimik und Gestik sehen und decodieren, durch den geistigen Akt des Zuhörens die inneren Beziehungen der Geschichte erfassen.

> *»Eine Geschichte zu verstehen, heißt zwei Dinge, einmal ihre inneren Beziehungen adäquat, d.h. so wie sie vom Erzähler gemeint sind, zu einem zusammenhängenden Gefüge zu verknüpfen und dann das Bedeutungsgefüge als Ganzes in das Netz des eigenen Wissens aufzunehmen und einzuordnen.«* (Aebli 2001, 44)

Erzählen kann aber auch im Basismodell der Handlung eine Rolle spielen, nämlich dann, wenn die Handlung des Erzählens gelernt werden soll. Das Erzählen durch die Lehrkraft oder durch andere Kinder muss an den Stand des gedanklichen Repertoires der Schülerinnen und Schüler hinsichtlich des Vokabulars und erforderlicher geistiger Operationen angepasst sein. Neben einem fragenentwickelnden Lehrverfahren, das darauf zielt, durch die Schülerinnen und Schüler Erklärungen abgeben zu lassen, weitere Entwicklungen zu antizipieren, Beispiele zu suchen, Stellung beziehen zu lassen, kann das Erzählen durch einzelne Bilder oder Bildabfolgen, durch die Produktion eines Hörspiels oder einer Musikgeschichte unterstützt werden. Die Schülerinnen und Schüler können durch Spielen an das Erzählen herangeführt werden, indem sie die Abfolge durchdenken und nach geeigneten dramaturgischen und erzählerischen Mitteln suchen.

Lesen

Lesen kann in mehreren Basismodellen eine Rolle spielen, es kann dazu dienen, eine Erfahrung zu machen, für den Wissensaufbau eingesetzt werden oder die Reflexion von Werten unterstützen.

Der Lesekompetenz kommt in literalen Kulturen ein entscheidender Stellenwert bei der Informationsaufnahme und Informationsverarbeitung (Textverarbeitung) zu. Hans Aebli betont, dass sich das Lesen als Textverarbeitung auf zwei Ebenen vollzieht, auf einer *inhaltlichen* und einer *methodischen.* Daher müsse ein *Interesse an der Sache* und *am Lesen* geweckt werden. Beim Lesen geht es um die Entschlüsselung der Wortzeichen, um Verarbeitung, Speicherung, Wiedergabe und Anwendung.

> »*Sodann geschieht die inhaltliche und methodische Behandlung eines Textes unter drei verschiedenen Gesichtspunkten: unter einem strukturell-intellektuellen, einem emotional-motivationalen und unter dem Gesichtspunkt der Werte.*« (Aebli 1991, 118)

Der Psychologe betont die aktive Natur des Lesens, müsse doch der Leser den Sinn des Textes »aus den Elementen seines eigenen Wissens und Erlebens rekonstruieren« (1991, 122). Dazu muss er die Elemente richtig zusammensetzen, Lücken auf der Basis seines allgemeinen Weltwissens füllen, neue Wissenselemente in die vorhandenen integrieren und ein Weltbild aufbauen. Hans Aebli schlägt vor, beim Lesen – mit dem Ziel der Motivation – eine Besinnung auf das Ziel und den möglichen Ertrag zu ermöglichen: (Warum lese ich den Text?) Anschließend soll der Leser oder die Leserin sich Ziele setzen und die Lektüre genau planen: (Was weiß ich schon? Was will ich wissen? In welchen Schritten werde ich beim Lesen vorgehen?) Dabei kann ein eigener Focus, unter dem der Text gelesen werden soll, verabredet werden. Es sollen angemessene Bedingungen für das Lesen, Verfahren zur Selbstprüfung der Ergebnisse und zur Wiedergabe des Gelesenen verwendet werden. Der Wissenschaftler schlägt vor, die Schülerinnen und Schüler in Partner- oder Gruppenarbeit über den Text sprechen und die verschiedenen Perspektiven in ein Klassengespräch einbringen zu lassen. Methodisch kann das Lesen durch Textvergleiche, Konfrontation der Textaussagen mit eigenen Beobachtungen und Erfahrungen oder durch das Führen von Lesetagebüchern unterstützt werden.

Schreiben – Verfassen von Texten

> *»Schreiben heißt, eine Botschaft für einen Leser schriftlich so zu formulieren, dass er sie auffasst.«* (Aebli 2001, 149)

Betrachten wir Schreiben unter Verwendung des Basismodells des Lernens durch Ausführung einer Handlung. Je nach Wirkungsabsicht ist die Textsorte zu wählen. Darstellende Texte versuchen, die Wirklichkeit (von der Fiktion bis zum Faktum) und darin sich abspielende Prozesse angemessen zu verdeutlichen. Oftmals enthalten sie auch Beschreibungen, Erklärungen und Deutungen (vgl. Aebli 2001, 151). Texte mit einer spezifischen Wirkungsabsicht stiften eine Beziehung zwischen Beteiligten (Vereinbarungen, Verträge); sie zielen auf das Wecken von Interessen und Bedürfnissen, gewähren Informationen (z.B. Werbetexte, Inserate, Anzeigen) oder leiten zum Gebrauch einer Sache an (z.B. Gebrauchsanweisungen). Schriftliche Sprache ist willentlich erzeugt; ein Text wird logisch strukturiert und aufgebaut; er wird ohne Kenntnis der konkreten Situation verfasst und bleibt oftmals ohne Rückmeldung. Die schriftliche Darlegung eines Sachverhalts trägt dazu bei, diesen besser zu erfassen.

> »*Der hierarchische Aufbau wird vom Verfasser eines Textes dann erzeugt, wenn er seine Aussage aus einem Grundgedanken heraus entwickelt und die Einzelheiten des Textes alle dazu dienen, den Grundgedanken zu konkretisieren oder zu begründen.*« (Aebli 2001, 159)

Schülerinnen und Schüler können Hinweise erhalten, um ihr Schreiben zu planen. Sie können unter strukturellen Gesichtspunkten ihre Texte untergliedern in Einleitung – Hauptteil – Schluss oder Hinführung – Durchführung – Zusammenfassung. Oder sie können funktionale Einheiten bilden, wie Behauptung – Anführen von Gründen/Gegengründen – Beispiele und Konsequenzen.

> »*Eine [...] Notwendigkeit der Textplanung ist es, ständig zwischen inhaltlichen und leserbezogenen (>rhetorischen<) Überlegungen hin- und herzugehen.*« (Aebli 2001, 162)

Aebli schlägt vor, zunächst ein Konzept zu entwerfen, dann den Text zu verfassen, ihn zu überarbeiten und ihn auf seine Sachgemäßheit und Wirkung zu überprüfen. Bezogen auf die methodischen Arrangements schlägt er vor, dass das Schreiben entweder in einen Prozess persönlicher Selbstreflexion eingebunden sein kann (Tagebuchnotizen) oder in eine Situation des Austauschs eingehen soll (Briefe, E-mails, Anfragen). Es ist über die Rolle des Verfassers, den Adressaten des Schreibens und über die mögliche Wirkung des Textes beim Adressaten nachzudenken. Außerdem kann dem Schreiben eine problemlösende und welterschließende Funktion zukommen (Protokolle, Gebrauchsanweisungen, Handlungsanweisungen). Hilfen zur Vorbereitung des Verfassens von Texten können Verfahren des Mindmapping oder Clusterverfahren (Visualisierung von Gedanken) gewähren (vgl. Peterßen 1999, 56f.).

Handeln

> »*Handlungen sind [...] zielgerichtete, in ihrem inneren Aufbau verstandene Vollzüge, die ein fassbares Ergebnis erzeugen.*« (Aebli 2001, 182)

Handlungen können sich auf Personen oder auf Sachen richten. Hans Aebli unterscheidet Handlungsteilnehmer, Handlungsobjekte, Handlungsinstrumente und Handlungsergebnisse. Neben Bewegungshandlungen gibt es ein Handeln mit dem Ziel des Werkschaffens.

> »*Andere Handlungen lösen Prozesse aus, die in einer gewissen Selbstständigkeit ablaufen, bis der Handelnde wieder in sie eingreift.*« (Aebli 2001, 184)

Für Hans Aebli kommt es darauf an, Schülerinnen und Schülern nicht nur Handlungsabläufe beizubringen, sondern ihnen Einsicht in die im Handlungsablauf enthaltenen Vorgänge zu verschaffen (2001, 184). Innerhalb der Handlungen unterscheidet der Wissenschaftler Handlungsfolgen und Handlungsschemata. Handlungsfolgen setzen sich aus Handlungselementen zusammen, die – als Handlungsschemata – gespeichert werden. Er definiert Handlungsschemata durch drei Eigenschaften: (1) sie sind als ganze (in Form von Handlungs-Skripten oder Drehbüchern) gespeichert oder als Abläufe automatisiert, (2) sie können reproduziert werden, und sie sind (3) auf neue Gegebenheiten (Dinge, Menschen, Situationen) flexibel übertragbar (vgl. Aebli 2001, 185f.).

Das Erlernen einer einfachen oder komplexen Handlung (z.B. einen Salat zubereiten, Kartoffeln kochen, eine Handarbeit anfertigen, ein Fahrrad reparieren, eine sportliche Übung durchführen, ein Werkstück fertigen) geschieht oftmals durch Anleitung in Form des Vorzeigens und Nachmachens (Aebli 2001, 65). Dabei geht es nicht nur um vages Hinsehen und innere Nachahmung, sondern um den Aufbau einer genauen Vorstellung vom anzustrebenden Ergebnis einer Tätigkeit. Ist eine erste Fähigkeit erworben, muss sie geübt und angewendet werden. Voraussetzung für ein Lernen durch

Vormachen und Nachmachen ist, dass die Lehrkraft dafür sorgt, dass die Schüler aufmerksam sind, die Problemstellung erkennen und die Demonstration genau beobachten.

> *»Der Schüler lernt, indem er die vorgezeigte Handlung innerlich mitvollzieht. […] Die Bewegungen werden also langsam, eindringlich, manchmal sogar mit gewissen Überbetonungen vollzogen.«* (Aebli 2001, 73)

Der Lehrer kann durch verbale Hinweise die Beobachtung des Handlungsvollzugs stützen. Oftmals hilft auch eine Zerlegung der Handlung in einzelne Abschnitte und deren Benennung. Hilfreich kann ein mentales Training sein, bei dem die Schülerinnen und Schüler sich innerlich einen Handlungsablauf vorstellen und die aufeinander folgenden Phasen benennen. Die Lehrkraft kann auf mögliche Fehler hinweisen. Wenn die Schülerinnen und Schüler eine Handlung vollziehen, sollen Fehler korrigiert werden. Ihnen sollten Hilfen gegeben werden, um die Ergebnisse ihrer Handlungen selbst zu überprüfen.

Wenn es das Ziel ist, Handlungen von ihrer Planung her zu verstehen und die Handlungsschritte bis zum Handlungsergebnis genau zu erkennen, geht es darum, eine Handlungsvorstellung zu erwerben. Ein

> *»Handlungsschema kann sich als effektive Handlung oder als Handlungsvorstellung realisieren. In jedem Falle ist es auf ein Handlungsziel ausgerichtet, und der Besitzer des Handlungsschemas weiß von jeder Teilhandlung, dass sie notwendig ist, um die Voraussetzung für den nächsten Handlungsschritt und schließlich für die Erreichung des Gesamtziels zu schaffen.«* (Aebli 2001, 190)

Bei einer regressiven Handlungsplanung ist zu fragen, welche Voraussetzungen gegeben sein müssen, damit der letzte Handlungsschritt vollzogen werden kann. Dann sind die einzelnen Handlungsschritte mit dem Blick auf das Endziel zu planen. Nach Hans Aebli verfährt eine natürliche Handlungsplanung sowohl rückschreitend wie vorwärtsschreitend.

> *»Der globale Handlungsentwurf differenziert sich im Zuge der Handlungsplanung. Die geschieht dadurch, dass ich den Rahmen mit einzelnen Handlungsschemata ausfülle, die in meinem Handlungswissen enthalten sind.«* (Aebli 2001, 193)

Im Unterricht muss die Handlung konkret-praktisch gezeigt und vollzogen, aber auch der sprachlichen und schriftlichen Darstellung der Handlung Platz eingeräumt werden.

Um aus einer effektiv vollzogenen Handlung eine Handlungsvorstellung aufzubauen resp. um Handlungsvorstellungen in effektive Handlungen umsetzen zu lernen, werden mit den Schülerinnen und Schülern Vorschläge zu Teilhandlungen zusammengetragen, deren Reihenfolge festgelegt und die Teilhandlungen nacheinander ausgeführt, während andere diese Ausführung kritisch beobachten. Die Handlung wird durch die gedankliche Rekapitulation (Arbeitsrückschau), auch anhand bildlicher Darstellungen oder gestützt durch die reine Vorstellung verinnerlicht.

Die Fähigkeit, eine Arbeit zu planen, ist ein Aspekt von Handlungskompetenz. Bei der Planung und Durchführung einer Arbeit (z.B. ein Fertigungsstück, ein Werkstück, eine Handarbeit, ein Kunstobjekt) geht es darum, ein Arbeitsziel zu setzen, Arbeitsmittel bereitzustellen und auf ihre Verwendbarkeit zu überprüfen, sie auszuwählen, sie in der Reihenfolge ihrer Benutzung anzuordnen, einen Arbeitsweg in Arbeitsschritten zu planen, die Arbeit auszuführen und anschließend das Arbeitsergebnis zu prüfen und zu beurteilen. Es sollen die jeweils angemessenen Techniken verwendet und geeignete Sozialformen gewählt werden. In der didaktischen Literatur finden sich Überlegungen, wie Schülerinnen und Schüler eine *Werkaufgabe* oder *Herstellungsaufgabe* planen und ausführen können. In der Regel wird davon ausgegangen, dass ein Fertigungsauftrag gegeben oder miteinander gesucht und dieser geklärt wird. Dann gilt es, eine Konzeption der Fertigung zu entwickeln, sie vorzubereiten, auszuführen und die Ausführung auszuwerten (vgl. Peterßen 1999, 142). Bei der *Konstruktionsaufgabe* im Technikunterricht geht es um das Erfinden, Entwerfen und Konstruieren mit dem Ziel des Lösens eines technischen Problems. Auch hier werden die Phasen der Problemstellung, des Sammelns von Informationen, des Erfindens, Herstellens, Erprobens, des Beurteilens und Auswertens unterschieden (Peterßen 1999, 166).

Operieren

Hans Aebli versteht Operationen als abstrakte Handlungen. Operieren meint, im Bewusstsein der Zusammenhänge und der ihnen inhärenten Strukturen zu handeln (2001, 207).

> »*Eine Operation ist eine effektive, vorgestellte (innere) oder in ein Zeichensystem übersetzte Handlung, bei deren Ausführung der Handelnde seine Aufmerksamkeit ausschließlich auf die entstehende Struktur richtet.*« (Aebli 2001, 209)

Auch wenn es Ähnlichkeiten zwischen einer Handlung und einer Operation bezogen auf Aufbau, Differenzierung, Konsolidierung und Anwendung gibt, so unterscheidet sich doch die Handlung von einer Operation dadurch, dass erstere auf einen praktischen Effekt, letztere auf eine Erkenntnis zielt. Beim Operieren wird an bekannten Elementen angeknüpft.

> »*Eine neue Operation aufbauen heißt [...], bekannte Operationen auf neuartige Weise zusammenzuordnen. [...] Die entscheidende geistige Leistung ist ein Akt der Synthese, kraft dessen die bekannten Teiloperationen zur neuen Operationsgestalt zusammengefasst werden.*« (Aebli 2001, 214)

Der Psychologe verdeutlicht, dass die Operation zunächst im Kontext bewussten Handelns und der Vergegenwärtigung der Zusammenhänge innerhalb der Handlung, später symbolisch (mithilfe von Zeichen) und dann gedanklich vollzogen und verinnerlicht wird. Für ihn liegt die Aufgabe der Lehrkraft darin, ein Problem zu finden,

> »*dessen Bewältigung den Aufbau der Operation, d.h. die Einsicht in ihre Beziehungen erfordert.*« (Aebli 2001, 230)

Es kommt darauf an, die der Operation zugrunde liegende logische Struktur passend zum Problem zu entdecken, die Operation im Handlungskontext aufzubauen und sie nach der Handlung zu reflektieren. Dabei wird die Lehrkraft als Anwalt des klaren Aufbaus und der Verdeutlichung der Beziehungen innerhalb der Operation angesehen. Die Operation muss vielfach – unter wechselnden Bedingungen – durchlaufen und oftmals durchdacht werden.

> *»In der Phase 1 vollzieht sich das Lernen rein handelnd. In der Phase 2 wird die Handlung mit ihrer bildlichen Darstellung verbunden. Auf der Stufe 3 stellt sich der Schüler die Operation allein aufgrund des Bildes vor. In der Phase 4 wird das Bild mit dem Zeichen, also mit der Zifferngleichung verbunden. Auf der Stufe 5 führt der Schüler die Operation allein aufgrund der Darstellung durch Ziffern aus.«* (Aebli 2001, 238)

Danach folge das Auswendiglernen und Automatisieren, das Üben (also die Integration der Operation in höhere Zusammenhänge) und die Anwendung.

Begriffsbildung

Begriffe sind Instrumente geistigen Lebens, mit denen die Welt erfasst und mit deren Hilfe eine geistige Ordnung hergestellt wird. In Begriffen wird gedacht und Wirklichkeit bewältigt. Hans Aebli unterscheidet zwei große Theoriengruppen bei der Begriffsbildung, nämlich Abstraktionstheorien und Aufbautheorien. Bei Begriffsdefinitionen kann man entweder so vorgehen, zuerst einen Oberbegriff und dann spezifische Merkmale zu nennen. Der Fokus im Unterricht richtet sich auf Merkmale und Merkmalskombinationen, die solchen Beispielen gemeinsam sind, die unter den Begriff subsumiert werden können.

> *»Im Unterricht bildet der Schüler Begriffe, indem er vor einer neuen Erscheinung [...] gedankliche Elemente aus seinem Wissen abruft und verknüpft. So konstruiert er einen neuen Begriffsinhalt.*

> *In der Regel ist es ein Netz von Beziehungen zwischen Merkmalen. Der Begriffsumfang ist dann die Menge der Fälle oder Exemplare, auf die der Begriffsinhalt passt.«* (*Aebli 2001, 253*)

Hans Aebli nennt verschiedene Wege der Begriffsentwicklung, z.B. durch Erklären, Vermitteln von Leitvorstellungen oder Vermittlung kognitiver Landkarten, die beim Aufbau eines angemessenen Weltbildes helfen. Es kann nach dem Sinn- oder Sachzusammenhang von Inhalten und nach ihrer Bedeutung gefragt und die Erkenntnisse begrifflich gefasst werden. Der Psychologe betont, dass Begriffsinhalte Netzcharakter haben, dass diese Netze ihrerseits mit Nachbarbegriffen und schließlich mit dem Weltbild des Begriffsbildenden zusammenhängen. Er schlägt einen erklärenden Begriffsaufbau in Teilschritten vor (2001, 266ff.). Dabei ginge es darum, über einen Begriffsinhalt zu verfügen, ihn in neuen Situationen als Werkzeug des Denkens anzuwenden und ihn beweglich und anpassungsfähig zu halten. Wird der Begriff mit der Einführung in verschiedene Perspektiven verbunden, entsteht eine geistige Landkarte (2001, 270). Hans Aebli fordert von der Lehrkaft,

> *»sich Rechenschaft über das System der Begriffe abzulegen, das er in seinen Fächern vermittelt, sich zweitens zu fragen, wo er die praktischen und theoretischen Anwendungen dieser Begriffe sieht und drittens [...] zu prüfen, ob die vermittelten Gesichtspunkte den jungen Menschen in seiner Welt das sehen und erkennen lassen, was er sehen und erkennen müsste, um sich richtig zu verhalten [...].«* (Aebli 2001, 272)

Einen Sachverhalt verstehen

Einen Sachverhalt kann man u.a. dadurch verstehen lernen, dass Vorkommnisse, Ereignisse und Probleme vereinfacht und strukturiert im Unterricht behandelt werden. Dazu eignen sich verschiedene Methoden.

Lehrkräfte müssen in der Lage sein, einen Sachverhalt verständlich zu erklären. Erklären ist daran gebunden, dass die Lehrkraft etwas selbst verstanden hat und in der Lage ist, einen Sachverhalt für ihre Schülerinnen und Schüler verständlich darzustellen (Vortrag, Text, Leittext). Lehrkräfte müssen die Aufmerksamkeit der Schülerinnen und Schüler für eine Erklärung gewinnen, ihre Vorkenntnisse aktualisieren und zusammentragen, die Schüler dazu auffordern, selber erste Vermutungen anzustellen, Hypothesen zu bilden und Erklärungen zu liefern und daran anknüpfend einen Sachverhalt in möglichst einfacher Sprache verdeutlichen oder selber mit der Erklärung beginnen und den Versuch unternehmen, Schülerinnen und Schüler für ein Mitdenken zu gewinnen. Hilfreich für die Unterstützung der Erklärung ist es, den Schülerinnen und Schülern eine gute kognitive Gliederung (evtl. als advanced organizer) anzubieten, eine kurze und prägnante oder eine anregende, interessante, abwechslungsreiche Darstellung des Sachverhalts zu geben und wichtige Aspekte explizit hervorzuheben. Schülerinnen und Schüler sollten die Möglichkeit haben, Fragen zu stellen; sie sollten versuchen, die Erklärung zu wiederholen und evtl. Verknüpfungen zu neuen Gebieten herzustellen. Die Erklärungen durch die Lehrkraft können durch Objekte, Modelle oder Grafiken unterstützt werden. Georg E. Becker geht davon aus, dass durch eine Zeichnung ein Sachverhalt veranschaulicht werden kann. Der Lernprozess wird unterstützt, wenn die Zeichnung mit einer Überschrift versehen, gegliedert und die Perspektive verdeutlicht wird, wenn zentrale Begriffe das Lesen der Zeichnung unterstützen, Symbole konsequent verwendet werden und bei der Erläuterung der Zeichnung gesprochen wird (vgl. Becker 1984, 237ff.). Das *Erklären* eines Sachverhalts hilft, einen Lerninhalt durch nachvollziehendes Denken zu erkennen. Es geht darum, nach den Bedingungen für die Existenz oder die Eigenschaften eines Sachverhalts zu fragen.

Methoden, die dazu verhelfen, dass Schülerinnen und Schüler selbst einen Sachverhalt erschließen und ihn sich erklären, setzen auf eigenständige Textarbeit. Ein anderes Verfahren ist das *Planspiel.* Dabei

»werden komplexe Sachverhalte [...] auf ihre essenziellen Strukturen hin elementarisiert, wobei einerseits die Wirklichkeit nicht ver-

> *fälscht werden darf, andererseits den Lernenden der möglichst selbstständige Zugang zu den implizierten Problemen eröffnet werden muss.«* (Peterßen 1999, 229)

Das Planspiel eignet sich zur Simulation realer Vorgänge. Es ist sinnvoll, das Planspiel auf der Grundlage von Informationen vorzubereiten, es dann durchzuführen und auszuwerten.

In naturwissenschaftlichen Fächern kann ein Sachverhalt auch über Experimente erschlossen werden. Beim *Experimentieren* geht es darum, in Methoden der Erkenntnisgewinnung einzuführen. Schülerinnen und Schülern soll ein Sachverhalt so zum Problem werden, dass sie Interesse am eigenständigen Finden einer Lösung entwickeln. Das Experiment zielt auf die systematische Beobachtung einer Szene, eines Ereignisses, eines Ablaufs oder Vorgangs. Es ist zu planen, durchzuführen und auszuwerten. Nach *Josef Saxler* verläuft der Problemlöseprozess

> *»nach folgendem Schema ab: Fixierung des Problems – Vermutete Lösung (Hypothese) – Prüfung der Hypothese auf gedankliche Widerspruchsfreiheit – Prüfung der Hypothese auf Bestätigung durch ein Experiment (Planung, Durchführung und Auswertung des Experiments) – Formulierung der Problemlösung.«* (Saxler 1981, 580)

Andere Verfahren zum Erkennen von Sachverhalten können *Erkundungen* oder *Exkursionen* sein. Sie sind geeignet, einen Sachverhalt genauer zu verstehen, wenn sie gut vorbereitet, durchgeführt und nachbereitet werden. Dazu ist zu klären, welcher Ausschnitt der Wirklichkeit bei einer Erkundung genauer betrachtet werden soll, Fragen zu entwickeln und Arbeitsaufgaben zu erstellen. Durch Befragen, Beobachten, Untersuchen etc. wird ein Gegenstand genauer erschlossen. Die Ergebnisse der Erkundung sind zusammenzutragen und aufzubereiten.

Problemlösen

Beim Problemlösen geht es darum, der Schülerin oder dem Schüler Verfahren, Methoden und Heuristiken zu vermitteln, die beim Suchen, Forschen, Denken und Erkennen bedeutsam sind (vgl. Aebli 2001, 279). Hans Aebli unterscheidet drei Gruppen: (1) Probleme, die daraus resultieren, dass das Bild der Wirklichkeit und Handlungspläne Lücken aufweisen, (2) Probleme aus dem Widerspruch zwischen Aussagen über die Wirklichkeit und eigenen Handlungsabsichten und (3) Probleme aufgrund unnötiger Komplexität der Sicht der Wirklichkeit resp. der eigenen Handlungspläne. Beim ersten Problem geht es um die Anleitung der Schülerinnen und Schüler zu sorgfältigen Prüfoperationen, um das Suchen nach Lösungen unter Vornahme eines Umstrukturierungsprozesses der eigenen Gedanken. Der Autor schlägt vor, beim Lösen so vorzugehen, dass ein Problem in Zwischenschritte aufgeteilt und diese überprüft werden, dass auf vorhandene Gedanken und Erfahrungen zurückgegriffen und vorhandenes Wissen umstrukturiert wird. Methodisch schlägt der Psychologe vor, (1) durch fragend-entwickelnden Unterricht in das Problemlösen einzuführen, (2) Schülerinnen und Schüler selbstständig Probleme bearbeiten zu lassen, wobei der Schwierigkeitsgrad optimal passen sollte, d.h. sie zu Lösungen herauszufordern, die zugleich ihrem Stand des Wissens und Könnens entsprechen. Er geht (3) davon aus, dass Schülerinnen und Schüler in Verfahren der Problemlösung einzuführen sind.

Reflexion/Kontemplation

Hierbei geht es darum, Schülerinnen und Schüler nicht mit einer analytischen Perspektive an einen Sachverhalt, eine Frage, ein Phänomen heranzuführen, sondern existenziell bedeutsame Fragen aufzuwerfen und durch eigene Verfahren (Bilder, dramaturgische Spiele, Texte) Fragen nach dem Sinn aufzuwerfen. Geeignet sind evtl. auch hermeneutische Verfahren und Formen des Aufbauens von Verstehen.

Auseinandersetzung mit konkurrierenden Sinndeutungen und Wertkonflikten

Hier geht es darum, auf der Grundlage einer umfassenden Erarbeitung von Sachverhalten, eine erste Bewertung auf der Grundlage eigener Kriterien zu versuchen, sie – gegenüber konkurrierenden Bewertungen auf dem Hintergrund eigener Wertmaßstäbe – abzugrenzen und zu vertreten. Neben einem Verstehen von Sachverhalten, gesellschaftlichen und politischen Konflikten, moralischen Dilemmata ist ein Nachdenken über eigene Wertmaßstäbe erforderlich. Dazu kommt die Notwendigkeit einer angemessenen sprachlichen (mündlichen oder schriftlichen) Darlegung der eigenen Position in offenen Diskussionen oder Debatten.

Ausdrucksfähigkeit (sprachlich, musisch-künstlerisch, dramaturgisch, spielerisch)

Schülerinnen und Schüler lernen verschiedene Möglichkeiten, sich selbst und/oder eine Sache dramaturgisch angemessen auszudrücken, genauer kennen. Sie prüfen Mittel der bildenden Kunst (Malen, Zeichnen, Plastizieren, Bildhauen etc.), des Rollenspiels oder Theaterspiels, der Musik, des Tanzes unter der Frage, inwiefern sie für den Selbstausdruck geeignet sind. Dazu ist das Ausdrucksbedürfnis zu wecken, Gestaltungsversuche zu unternehmen, besondere Übungen anzubieten und unter jeweils gewählten Beobachtungs- und Bewertungsschwerpunkten eine Betrachtung (durch Anschauen, Vergleich, Kritik, Reflexion) vorzunehmen. Schülerinnen und Schüler prüfen die Ausdrucksmöglichkeiten für das Erhellen und Gestalten eines sachlichen Anliegens.

Selbststeuerung und Selbstregulierung

Wir gehen davon aus, dass im Verlauf der motorischen, sprachlichen, sozialen und Denk-Entwicklung eines Kindes und Jugendlichen allmählich Formen der Selbstregulierung und Selbststeuerung in verschiedenen Bereichen (Lernen, Ausdruck eigener Gefühle, Kommunikation und Interaktion) zu lernen sind. Formen der Unterstützung und Erziehung durch Eltern und Lehrkräfte sind allmählich von Formen der Selbststeuerung und Selbstregulierung abzulösen.

Bezogen auf den *Umgang mit eigenen Gefühlen* bedeutet das, Wege des angemessenen Gefühlsausdrucks durch Erlernen von Verfahren der eigenen Steuerbarkeit des Verhaltens zu erwerben.

Bezogen auf *Interaktions- und Kommunikationskompetenz* lernen Schülerinnen und Schüler, sich selbst auszudrücken, um Hilfe zu bitten und Hilfe zu geben, sich selbst zu behaupten, anderen aktiv zuzuhören und sie zu verstehen, sich mit anderen koordinieren zu können und Wege zur Konfliktanalyse, Konfliktbewertung und Konfliktbewältigung (vgl. Mischke 2003 c). Das Nachdenken über *Verhaltensweisen* und das Ausprobieren neuer gelingt im *Rollenspiel.* Beim Rollenspiel lösen sich die Schülerinnen und Schüler aus ihren traditionellen Sozialbeziehungen, stellen sich eine Szene vor, überlegen, welche Personen in dieser Szene in welchen Rollen handeln, welche Erwartungen sie an sich selbst haben resp. welche Erwartungen an sie gestellt werden; sie gestalten verschiedene Rollen. Das Rollenspiel im Unterricht kann aus verschiedenen Phasen bestehen: Aufwärmen, Information (Briefing), Spiel, Auswertung (Debriefing) und Abkühlen (vgl. Peterßen 1999, 256f.).

Bezogen auf den Erwerb von *Handlungskompetenz* geht es um das eigenständige Planen, Vollziehen, Bewerten von Handlungen auch mit dem Ziel der Optimierung der eigenen Handlungsfähigkeit (vgl. auch Mischke 2003).

Bezogen auf die *Fähigkeit zum selbstgesteuerten Lernen* geht es darum, sich selbstständig Ziele zu setzen, Ressourcen zu wählen, dem Inhalt und den Zielen angepasst, angemessene Techniken und Strategien auszuwählen, sich selbst zu motivieren und die Motivation aufrechtzuerhalten, die Lernbemühungen gegen konkurrierende Wünsche und Angebote abzuschirmen, die Zielerreichung während und nach dem Prozess zu steuern und zu bewerten und Lernstrategien während und nach dem Prozess zu korrigieren. Selbstgesteuertes Lernen erscheint als Wechselspiel zwischen kognitiven, metakognitiven und motivationalen Aspekten. Es schließt eine angemessene Verarbeitung von Erfolgen und Misserfolgen ein (vgl. Artelt/Demmrich/Baumert 2000, 296).

Methoden und Lernprozesse – Das Beispiel Fallstudie

Eine Vielzahl herkömmlicher Texte über Unterrichtsmethoden (vgl. Wiechmann 1999) krankt daran, dass Methoden nur in ihrer Oberflächenstruktur dargestellt werden; die der Methode eingeschriebenen und zu organisierenden Lernprozesse werden zu wenig verdeutlicht. Unseres Erachtens kommt es darauf an, sich bei der Verwendung von Methoden über die dabei stattfindenden Lernprozesse Gedanken zu machen. Das Beherrschen einer Methode durch die Schülerinnen und Schüler ist erst dann möglich, wenn sie die damit verbundenen Lernprozesse eigenständig organisieren können. Diesen Gedanken wollen wir am Beispiel der Fallstudie (vgl. Kaiser/Brettschneider 1999) illustrieren.

> »*Das Wesen der Fallstudie beruht darauf, dass [...] die Schüler sich mit vielen aus der Praxis gewonnenen Fällen auseinandersetzen und in Gruppendiskussionen die Fähigkeit erwerben sollen, für diese Fallstudien nach alternativen Lösungsmöglichkeiten zu suchen, sich für eine Alternative zu entscheiden, diese zu begründen und mit getroffenen Entscheidungen und deren Bedingungen in der Realität zu vergleichen. [...] Die Schüler lernen dabei Informationen zu sammeln, Fragen zu stellen, das Material auszuwerten, Alternativen zu erkunden und Entscheidungen zu treffen. Didaktisch gut gestaltete Fallstudien zeichnen sich dadurch aus, dass sie neben dem Medium Sprache Tabellen, Diagramme, Fotografien, Schaubilder, Karikaturen, Szenarien usw. enthalten.*« (Kaiser/Brettschneider 1999, 130f.)

Im Folgenden sollen die einzelnen Lernprozesse bei der Fallstudie anhand einer Verlaufsstruktur des Lernprozesses genauer dargestellt werden (vgl. Kaiser/Brettschneider 1999, 133).

Verlaufsstruktur	Jeweilige Zielsetzung	Basismodell
1. Konfrontation mit dem Fall	Erfassen der Problem- und Entscheidungssituation	Erfahrung
2. Information über das bereitgestellte Fallmaterial und durch selbstständiges Erschließen von Informationen	Lernen, sich die für die Entscheidungsfindung erforderlichen Informationen zu beschaffen und zu bewerten	Wissen erwerben; Sachverhalt erfassen
3. Exploration: Diskussion alternativer Lösungsmöglichkeiten	Denken in Alternativen	Problemlösen
4. Resolution: Treffen der Entscheidung in Gruppen	Gegenüberstellung und Bewerten der Lösungsvarianten	Reflexion
5. Disputation: Die einzelnen Gruppen verteidigen ihre Entscheidung	Verteidigung einer Entscheidung mit Argumenten	Argumentation
6. Kollation: Vergleich der Gruppenlösungen mit der in der Wirklichkeit getroffenen Entscheidung	Abwägen der Interessenzusammenhänge, in denen Einzellösungen stehen	Reflexion/ Kontemplation

Abb. 18: Verlaufsstruktur eines Lernprozesses in der Fallstudie, erweiterte Fassung, basierend auf Kaiser/Brettschneider 1999

Methodenkompetenz setzt daher unseres Erachtens seitens der Lehrkräfte und der Schülerinnen und Schüler ein Nachdenken über die in der jeweiligen Methode zu organisierenden Lernprozesse voraus. Dabei gehen wir davon aus, dass Methodenkompetenz – ebenso wie inhaltliche Kompetenz (Lesekompetenz, mathematische Kompetenz und naturwissenschaftliche Kompetenz) – auf verschiedenen Stufen angelegt sein kann (Kompetenzstufen). Dabei unterscheiden wir Kompetenzstufen bei der Auswahl und Verwendung von Methoden bezogen auf ihre Angemessenheit für den

Lernprozess, das jeweilige Niveau bezogen auf die inhaltliche Zielsetzung des Lernens und den Grad der Selbstständigkeit der Schülerinnen und Schüler beim Verwenden der Methode. Die Lehrkraft sollte sich bemühen, die Verwendung von Methoden auf einem möglichst hohen Niveau anzubahnen.

Zur konkreten Ausgestaltung einer Methode

Wir gehen davon aus, dass jede Methode in sehr unterschiedlichen Varianten eingesetzt werden kann. Die jeweils zu wählende Variante knüpft an die besondere Zielsetzung und an den zu organisierenden Lernprozess an. Die Methoden erhalten – abhängig vom Lernprozess und seiner Strukturierung durch Unterricht – ein besonderes Gesicht. Das sei kurz am Beispiel von Unterrichtsgesprächen erörtert.

Gespräche können im Rahmen des Unterrichts unterschiedliche Funktionen haben. In Gesprächen werden Vorkenntnisse zu einer Frage- und Problemstellung oder zu einem Sachverhalt aktualisiert, zu verschiedenen Themen Einfälle gesammelt, gezielt zu Unterrichtsvorhaben (z.B. Experimenten) Vermutungen geäußert, durch Auseinandersetzung mit Bildern, Texten, Filmen oder Musikstücken Ergebnisse erarbeitet, unterschiedliche Argumentationen entfaltet und Beurteilungen vollzogen. Je nach den zu organisierenden Lernprozessen sind verschiedene Gesprächsformen und unterschiedliche Gesprächsregeln bedeutsam.

Beim *Aktualisieren von Vorkenntnissen* und beim Sammeln von Einfällen geht es darum, möglichst viele unterschiedliche Schüleräußerungen entgegenzunehmen, miteinander sinnvoll zu verknüpfen und verschiedene Stränge für die Weiterarbeit aufzuzeigen. Hilfreich ist es, bei diesem Vorgehen Einfälle zu visualisieren.

Bei der *Bearbeitung von Bildern, Texten, Filmen und Musikstücken* geht es darum, Schülerinnen und Schüler mit bestimmten methodischen Verfahren (Bildanalyse, Filmanalyse, Informationsentnahme aus Texten, Interpretation, Reflexion und Bewertung von Texten) bekannt zu machen. Sie sollen – auf der Grundlage eigener Fragestellungen – Informationen entnehmen, ein eigenes Verständnis eines Sachverhalts oder Problems erarbeiten und dann in verschiedene Richtungen Lösungen entwickeln. In einem solchen Gespräch gilt es, das Ziel zu benennen, Vorkenntnisse zu aktualisieren und über Denken und Argumentieren für erkannte Probleme eine Lösung zu entfalten. Eine wichtige Rolle kommt dabei der eigenen Argumentation und ihrer logischen und rhetorischen Entfaltung zu.

Bei der *Formulierung von Bewertungen* gilt es, sich über einen Sachverhalt, ein Problem, ein Dilemma genaue Kenntnisse zu verschaffen und es von vielen Seiten zu betrachten. Das Ziel besteht darin, auf der Basis gründlicher Information die Möglichkeiten für Beurteilung und Bewertung zu legen. Anschließend ist nach Normen und Wertvorstellungen zu suchen; diese werden auf der Grundlage moralischer oder ethischer Maximen entfaltet. Dann ist der zu beurteilende Sachverhalt mit den Beurteilungskriterien in Beziehung zu setzen. Am Ende des Prozesses, bei dem es zu einem »Hin- und Herpendeln zwischen den Ereignissen und den Kriterien« kommt, steht eine anspruchsvolle Stellungnahme und der Versuch, die eigene Bewertung sinnvoll zu begründen.

Beim *Argumentieren* geht es darum, dass Schülerinnen und Schüler am Beispiel einer Frage oder eines Problems Informationen zu dessen verschiedenen Aspekten zusammentragen, sie in Argumente verwandeln, diese auf ihre Stichhaltigkeit überprüfen und nebeneinander resp. gegeneinander setzen. Die Lehrkraft muss die Schüler zum gezielten Durchdenken eines Sachverhalts und zu einer angemessenen und rhetorisch überzeugenden Darstellung der Argumente anleiten. Dabei sind Hilfen für das Üben der eigenen Sprach- und Ausdrucksfähigkeit zu geben. Um das Argumentieren zu lernen, können Gesprächskreise, Pro- und Contra-Diskussionen, Debatten, Anklage- oder Verteidigungsreden oder das Kreisgespräch gewählt werden.

Beim *Nachdenken über gemeinsame Vorhaben oder Projekte* gilt es, das Vorwissen zu aktualisieren und ein Verständnis für das gemeinsame oder eigenständige Vorgehen beim Bearbeiten von Aufgaben zu entwickeln. Es können verschiedene Vorschläge für das Vorgehen bei einem Projekt vorgestellt und auf ihre mögliche Wirkung hin erörtert werden.

Beim *Nachdenken über Lernprozesse und über den Unterricht* gilt es, auf einer Metaebene über Lernprozesse und den Unterricht unter ausgewählten Fragestellungen (z.B. Leistungsmessung und -beurteilung, Hausaufgabenpraxis, Vorbereitung der Lehrkraft) nachzudenken. Die Schülerinnen und Schüler werden in ein Nachdenken über den Unterricht (Metaunterricht) und in Kommunikation über Interaktion und Kommunikation (Metakommunikation) eingeführt. Dazu ist eine gewisse Offenheit und die Herstellung tendenziell symmetrischer Beziehungen in der Schule notwendig.

Bei der *Klärung von Konflikten im Klassenzimmer* sind Formen des Nachdenkens über Prozesse der Interaktion und Kommunikation anzulegen. Dazu sind Konflikte zwischen einzelnen Schülerinnen und Schülern oder zwischen Schülerinnen und Schülern und ihrer Lehrkraft daraufhin zu befragen, welche Sichtweisen oder Emotionen in die jeweilige Perspektive auf den Konflikt eingehen und nach Möglichkeiten zu suchen, Konflikte zu vermeiden oder zu lösen (vgl. auch Kiper 1997).

Beim Gespräch geht es stets darum, eine dem intendierten Lernprozess angemessene Form der Bearbeitung eines Themas, Problems, Konflikts zu wählen, diese Problembearbeitung in intellektuell angemessener Weise vorzunehmen und sich zugleich in sinnvollen Prozessen der Interaktion, Kommunikation und des Gesprächs zu üben. Förderliche Gesprächsstrategien sind angemessene Mimik und Gestik, Kopf- und Körperbewegung, Blickkontakt, unterstützende und nicht abwertende Äußerungen, Formen des aktiven Zuhörens. Zur Gesprächsleitung, die die Lehrkraft oder eine Schülerin oder ein Schüler haben kann, gehört es, ein Gesprächsthema einzubringen, um Beiträge zu bitten, die Reihenfolge der Meldungen zu registrieren, das Wort zu erteilen, Beiträge durch körpersprachliche Signale positiv zu unterstützen, evtl. Beiträge zusammenzufassen, Beiträge zur Diskussion zu stellen und korrigieren zu lassen resp. selbst zu korrigieren, auf unterschiedliche Aussagen aufmerksam zu machen, weitere Meinungen einzuholen und steuernd einzugreifen (vgl. Mischke 1980; Becker 1984, 182ff.; Kiper 1997).

Unterrichtsmethoden – Synchronie und Diachronie

Unterrichtsmethoden haben schulformbezogene und schulfachbezogene, domänenspezifische Ausprägungen (vgl. Hage u.a. 1985). Bei der Planung des Unterrichts werden bestimmte Methoden gewählt; im Verlauf des Unterrichts werden – für die Steuerung – bestimmte Methoden eingesetzt; zusätzlich wird die Lehrkraft – im Prozess des Monitoring und der Korrektur ihrer Instruktion – weitere Methoden wählen. Es ist daher sinnvoll, im Prozess der Organisation des Lehr-Lernprozesses Methoden zu unterscheiden. Das bedeutet, dass Methoden der Erstvermittlung von Kenntnissen in Verbindung mit der Initiierung aktiver Erkenntnistätigkeit, von Methoden der Festigung und Sicherung des Wissens und von Methoden, die auf Kontrolle des Lern- und Aneignungsprozesses und auf die Ergebnissicherung zielen, abzuheben sind. Klaus Hage u.a. unterscheiden Methoden der Vermittlung, der Vertiefung, der Wiederholung, des Einprägens, des Übens und Anwendens, des Systematisierens, der Kontrolle des Lernprozesses und seiner Ergebnisse (1985, 32).

Unterrichtsmethodische Dimensionen können daher nach ihrer didaktischen Funktion, nach den Qualifikationszielen, nach methodischen Grundformen, nach der Sozialform und der Schülertätigkeit sortiert werden.

Bezogen auf die empirische Wahl der verschiedenen Methoden gibt folgender Überblick aus einer Untersuchung der gewählten Methoden im Sekundarbereich I aus 10 Schulen in NRW (2 Gesamtschulen, 3 Gymnasien, 5 Hauptschulen) aus den Jahren 1982–83 einen kurzen Überblick:

Auf der Grundlage des Nachdenkens über Oberflächen- und Tiefenstrukturen des Unterrichts sind auch Medien vor allem unter der Fragestellung zu prüfen, inwiefern sie für die Beförderung von Lernprozessen geeignet sind und inwiefern hier Oberflächenstruktur und Tiefenstruktur zueinander passen.

	Anzahl der 5-Min.-Phasen	**%**
Didaktische Funktion		
Einführung	117	8.26
Aneignung	891	62.88
Wiederholung	171	12.07
Erfahrung	38	2.68
Übung	40	2.82
Systematisierung	16	1.13
Anwendung	53	3.74
Kontrolle	91	6.42
Qualifikationsziele		
Kenntniserwerb	636	45.04
Intellektuelle Fähigkeiten	669	47.38
Psychomot. Fertigkeiten	38	2.69
Werthaltungen	47	3.33
Soziale Verhaltensweisen	22	1.56
Methodische Grundformen		
Betreute Schülertätigkeit	150	10.68
Selbstständige Schülertätigkeit	61	4.35
Lehrervortrag	117	8.33
Demonstration	53	3.78
Katechisieren	98	6.98
Unterrichtsgespräch	687	48.93
Diskussion	28	1.99
Stillarbeit	132	9.40
Schülervortrag	78	5.55
Sozialform		
Klassenunterricht	1096	76.86
Klassenkooperation	37	2.60
Gruppenarbeit	106	7.43
Partnerarbeit	41	2.88
Einzelarbeit	146	10.24
Schülertätigkeit		
Aufnehmen	368	25.83
Wiedergeben	321	22.53
Produzieren	681	47.79
Psychomot. Produktion	55	3.86

Abb. 19: Verteilung der unterrichtsmethodischen Dimension für die gesamte Untersuchung, nach Hage u.a. 1985, 47

Methodenkompetenz von Schülerinnen und Schülern

Seit ungefähr zehn Jahren wird verstärkt über die Notwendigkeit nachgedacht, dass Schülerinnen und Schüler ein Verständnis für ihren eigenen Lernprozess und ihre Methodenkompetenz erwerben sollen. Schülerinnen und Schüler sollen – so die Idee – Lern- und Arbeitstechniken, Techniken der Zusammenarbeit und Methoden der Gesprächsführung erwerben. Vorliegende Materialien (vgl. Klippert 1994) trainieren in der Regel Methodenkompetenz, ohne ein vertieftes Verständnis für den Lernprozess zu fundieren. Daher erscheint es uns sinnvoll, dass Lehrkräfte entsprechende Vorschläge unter der Perspektive lesen, welche Strategien selbstregulierten Lernens (Techniken der Selbstmotivation, Willensschulung, Arbeits- und Zeitplanung), welche Arbeitstechniken, wie einfache Verfahren des Entnehmens von Informationen aus Texten (Lesekompetenz), Produzieren von Texten und Gestaltung (Verfassen von Texten und Zeichnungen, Textgestaltung, Heftführung, Mappenführung), mündliches und schriftliches Präsentieren von Ergebnissen vorgestellt werden und sie den zu organisierenden Lernprozessen zuordnen. Dazu kommen Verfahren, die Schülerinnen und Schülern dabei helfen, einen Lernprozess in Schritten selbstständig zu gestalten (z.B. durch Sammeln von Vorwissen, Entwickeln von Fragen, Techniken der Erarbeitung, Techniken des Lernens, Übens und Anwendens). Auch die Nutzung unterschiedlicher Quellen für Informationen (Nachschlagewerke, Bibliothek, Internet) ist notwendig. Wir gehen davon aus, dass die vorgestellten Überlegungen dazu beitragen können, Schülerinnen und Schüler dabei anzuleiten, diejenigen Lern- und Arbeitstechniken zu erwerben und zu verwenden, die für einen jeweiligen Lernprozess (Tiefenstruktur des Lernens) bedeutsam sind.

Leiten einer Schulklasse

In der schulpädagogischen Literatur wird darauf abgehoben, dass die Qualität des Unterrichts unter anderem auch abhängig ist vom Faktor »Classroom-Management«. »Die hauptsächlichen Einflüsse auf den Lernerfolg gehen von den individuellen Schülermerkmalen, der Qualität des Unterrichts sowie dem familialen und außerschulischen Kontext der Schüler aus. Die Mehrzahl der Variablen bezieht sich sogar auf die Unterrichtssituation, mit einem primär bedeutsamen Faktor Classroom-Management« (Ditton 2000, 86). Dabei gibt es in der Literatur unterschiedlich enge oder weite Fassungen des Verständnisses der Leitungsaufgaben gegenüber einer Schulklasse.

In einer *engen Fassung* konzentriert man sich auf die Diskussion und/oder Vermittlung allgemeiner Regeln, die Prävention und Regulierung »abweichenden Verhaltens« und die Vermeidung von bzw. die Intervention bei Unterrichtsstörungen. In einer *weiten Fassung* wird der gesamte Unterricht unter dem Focus Führen und Leiten betrachtet. Dabei wird als Klassenführung die organisatorische, pädagogische und didaktische Kompetenz gefasst, die sich in einer erfolgreichen Unterrichtsorganisation, in der Formulierung anregender Aufgaben, in der effektiven Nutzung der Lernzeit und im gekonnten Umgang mit Störungen zeigt.

Die Schulklasse als pädagogische Erfindung

Die Schulklasse und hier vor allem die Jahrgangsklasse kann – seit den Überlegungen von *Johann Amos Comenius* (1592–1670) – als Errungenschaft verstanden werden, weil sie die Voraussetzung für die Beschulung einer großen Anzahl von Knaben und Mädchen schuf und die Einrichtung staatlicher Schulen ermöglichte. Sie geht von der Überlegung aus, dass für Gruppen von Kindern oder Jugendlichen Lernprozesse organisiert werden können, bei denen in Denken und Wissen eingeführt wird. Wenn der Nachteil der Schulklasse darin besteht, dass der/die Einzelne nicht genügend Anregung erhält, so ist dafür zu sorgen, dass Formen der Aktivierung jedes Kindes oder Jugendlichen mit Unterricht im gesamten Verband geschickt verbunden werden. Die Kritik an der Jahrgangsklasse wird vielfach geführt. Moniert wird das starre Einschulungssystem (einmal im Jahr statt mehrmals im Jahr), die starre Vorgabe von Zeiten (statt des flexiblen Verbleibens in Lerngruppen, bis ein bestimmtes Pensum beherrscht wird), die altersbezogene Entmischung (statt des gemeinsamen Lernens jüngerer und älterer Kinder mit- und voneinander). Daher wird mit Alternativen zur Jahrgangsklasse (Lernen in altersgemischten Lerngruppen, Kurssystem) experimentiert.

Lehrkräfte haben es selten mit einzelnen Kindern oder Jugendlichen, sondern zumeist mit – über die Organisation der Jahresklasse – hergestellten »Haufen« zu tun, mit denen sie umgehen müssen. Daher helfen Reflexionen über den pädagogischen Bezug (Erzieher-Einzelzögling) nicht aus; sie sind durch das Nachdenken über den Umgang mit Gruppen zu ergänzen, auch wenn die Gruppen in der Schule nicht nur in der Form einer Schulklasse, sondern als Kurs, Arbeitsgemeinschaft oder Fördergruppe vorgefunden werden.

Die Schulklasse als soziales System

Die Schulklasse kann unter verschiedenen Perspektiven (soziologische, sozialpsychologische, kommunikativ-interaktive) betrachtet werden. *Die Schulklasse* ist in der Regel durch *folgende Merkmale* charakterisiert:

- eine hohe Anzahl von Personen in einer Klasse;
- die Personen kennen sich zum großen Teil nicht;
- die Personen stehen über einen längeren Zeitraum über mehrere Stunden täglich in einem unmittelbaren face-to-face-Kontakt;

- den Personen ist kein gemeinsames Ziel vorgegeben (vgl. Fend 1980, 203).

Die Schulklasse ist ein Ort *vorstrukturierter sozialer Interaktion.* Die Schulklasse ist zugleich der Ort einer spezifischen *Gestaltung des Generationenverhältnisses.* Das Lehrer-Schüler-Verhältnis ist bestimmt vom Generationenunterschied und von Kompetenzunterschieden (Fend 1980, 166). In der Schulklasse entwickelt sich in der Regel eine *differenzierte Sozialstruktur*, die

> »*sich formal danach beschreiben lässt, wie viele Zweierbeziehungen (Freundschaften), Cliquen oder Vereinsamungen bestehen, wie dicht bzw. welcher Art das soziale Netzwerk ist. [...] Als zweites zentrales Ergebnis des informellen Gruppenbildungsprozesses kristallisiert sich ein System gemeinsamer Normen und Interpretationsmuster der Wirklichkeit, meist bezogen auf schulische Ereignisse, heraus.*« (Fend 1980, 203f.)

Dabei gelten als *offizielle Normsysteme* der Schule die Werte Unabhängigkeit, Leistung, Universalismus und Spezifikation.

> »›*Unabhängig*‹ *sein heißt somit Dinge selber erledigen, sich auf sich selbst verlassen, persönliche Verantwortung übernehmen. [...] Leistungsnormen zu akzeptieren bedeutet, bei Anforderungen sein Bestes zu geben, Gütestandards [...] zu akzeptieren, möglichst viel Energie zu investieren sowie verführerischen Ablenkungen asketisch zu widerstehen. [...] Universalismus und Spezifizierung gehören zusammen. Sie repräsentieren die Werte der Gleichbehandlung und der Beschränkung des Zugriffs von Institutionen auf spezifische Aspekte der Person, bei Wahrung der Unversehrtheit ihres* ›*Kerns*‹.« (Fend 1980, 160)

Die Schulklasse als *Altersgruppe* übernimmt *kompensatorische* Aufgaben (Erfüllen von sozialen und emotionalen Bedürfnissen), *Schutzfunktion* (Schutz gegen die permanente Leistungsbeurteilung als Angriff auf die Selbstachtung, z.B. durch Gegenwerte) und *Sozialisationsaufgaben* (Einfluss auf Werte und Einstellungen).

Die Schulklasse als *normatives Bezugsfeld* setzt Normen und Werte bezogen auf Leistungen, Verhalten, Besitz; es werden verschiedene Formen der Selbstbewertung (bezogen auf eigene Attraktivität, Wissen und Können) entwickelt. Nach Helmke ist die Schulklasse von großer Bedeutung für Selbsteinschätzungen, Motivation und Leistung durch ihren normativen Kontext (Klassennormen zur Verhaltensorientierung), komparativen Kontext (Leistungsvergleich mit anderen) und affektiven Kontext (Zufriedenheit mit der sozialen Situation) (vgl. Apel 2002, 50f.).

Die Schulklasse ist zugleich *Bezugsgruppe.* Sie dient als »Vergleichsgruppe«,

> »*d.h., sie liefert Maßstäbe für die Einschätzung der eigenen Situation, des eigenen Verhaltens, der Leistung und auch äußerer Attribute wie Aussehen, Kleidung.*« (Ulich 2001, 53)

Sie baut Abhängigkeiten auf oder ab und stellt Enttäuschung oder Zufriedenheit, Selbstwertgefühl oder Kränkungen mit her. Schulklassen bilden also informelle Normen heraus, die auch dazu führen, u.a. Leistungsansprüche, Lernklima und Lehrerverhalten zu beurteilen.

Bezogen auf die *inoffizielle Normstruktur* unterscheidet Fend verschiedene Klimata, nämlich das schulkonvergente Klima, das konforme Klima in der konformen Altersgruppe, das ambivalent-oppositionelle Klima und das schulentfremdete Klima (vgl. Fend 1980, 214ff.).

Die Schulklasse kann als *Ort komplexer Rituale*, sozialer Beziehungen, Sitten und Gebräuche und offizieller Regelsysteme und subkultureller Strömungen und Zeremonien verstanden werden (vgl. Fend 1980, 151ff.).

Die Schulklasse als *Ort der Interaktion und des Unterrichts* verweist darauf, dass Unterricht immer auch eine Form des sozialen Handelns ist. Lernprozesse und Lernergebnisse in einer Schulklasse sind in bestimmte Formen der Kommunikation und Interaktion eingebettet, die die gesetzten Standards, die Anstrengungs- und Leistungsbereitschaft, das Lernklima und die Lernergebnisse mit beeinflussen. Emotional bedeutsame Ereignisse in der Schulklasse beziehen sich vor allem auf Mitschülerinnen und Mitschüler und weniger auf die Lehrkräfte, die Bildung von Freundschaften und auf Konkurrenz und Kooperation (vgl. Ulich 2001, 54ff.). Klaus Ulich nennt als Merkmal unterrichtlicher Interaktion Helfen – Kooperation – Leistungsvergleich/Wetteifer/Konkurrenz – Suche nach Anerkennung (Angeberei, Aufwertungs- und Abwertungsprozesse) (2001, 56ff.).

Aus der Studie von Krappmann und Oswald über die Interaktionen in Berliner Grundschulklassen geht hervor:

- »*Gegenseitiges Helfen ist relativ selten und beeinflusst den Lernerfolg der Kinder kaum. Die Kooperation in eigens zusammengesetzten Gruppen misslingt häufig.*
- *Zusammenarbeit ist vor allem zwischen Freunden/Freundinnen erfolgreich; hier werden die Ansichten der anderen ernst genommen, Fehler erklärt und Vorschläge berücksichtigt.*
- *Wenn die Kinder Zusammenarbeit als vorteilhaft erfahren, wirkt sich dies positiv auf ihre Beziehung aus, was wiederum die Kooperation fördert.*« (Krappmann, Oswald 1995, zitiert nach Ulich 2001, 59)

Es ist nicht selbstverständlich, dass sich Kinder oder Jugendliche in der Schulklasse wohl fühlen. Wir finden Phänomene wie Ausgrenzung, Stigmatisierung zum Außenseiter (weil man unpopulär ist oder anders aussieht, oder klüger oder behindert ist, sich also in irgendeiner Weise hervorhebt), Mobbing und Schikane (vgl. Ulich 2001, 64ff.). Zu beachten sind auch besondere Beziehungen zwischen den Geschlechtern.

> »*Es gibt [...] Belege dafür, dass Schülerinnen häufiger unter verbalen und physischen Aggressionen der Schüler leiden als umgekehrt*« (Ulich 2001, 68). *Umgekehrt haben wir das Phänomen einer größeren Beliebtheit der Mädchen.* »*Von Mädchen und Jungen am meisten abgelehnt werden aggressive und leistungsschwache Kinder (überwiegend Jungen) sowie einige ausländische Kinder.*« (Ulich 2001, 69)

Die Schulklasse ist eher eine Zwangsgruppierung denn eine soziale Gruppe.

> »*Der Gruppenzusammenhang der Schulklasse wird, wenn überhaupt, vor allem bei Aktivitäten außerhalb des Unterrichts sichtbar (z.B. bei einem Klassenfest oder auf einem Ausflug) und auch bei Kontakten zu anderen Klassen (z.B. bei Sportwettkämpfen).*« (Ulich 2001, 50)

Herstellen einer sozialen Ordnung in der Schulklasse

Bei der Schulklasse handelt es sich um ein Sozialgebilde, dessen Klassenklima u.a. vom Führungsstil der Lehrkraft geprägt wird. Die Beziehungen in der Klasse sind u.a. abhängig von der Art des Umgangs, von Rangordnungen unter den Schülerinnen und Schülern, Phänomenen wie Sympathie und Antipathie, Rivalität, Konkurrenz und Kooperation, Cliquenbildungen etc. Für *Carl Weiß (1892–1974)* ist eine Fehlform die Vermassung der Klasse, das Fehlen einer sinnvollen Ordnung, das gegenseitige Beobachten und Belauern.

Er verweist auf die Aufgabe der Lehrkraft, gemeinsam mit der Klasse eine *soziale Ordnung* aufzubauen mit festen Gewohnheiten, Regeln und Grundformen des sozialen Zusammenlebens, aber auch mit der Festlegung von Plätzen für die einzelnen Schülerinnen und Schüler. Weiß fordert von der Lehrkraft organisatorisches und didaktisches Wissen und Können. Als zehn Gebote zur Steuerung und Gestaltung der Klasse nennt er:

»*1. Beachte die sozialen Grundbedürfnisse!*
2. Beachte den sozialen Reifegrad der Schüler!
3. Bahne möglichst viele und vielseitige Kontakte an!
4. Sorge für ein zwar nicht starres, aber doch festes Ordnungsgefüge!
5. Beeinflusse die Richtmaße, achte auf die Klassenbräuche und -sitten!
6. Schaffe eine Klassentradition und pflege sie!
7. Beachte die Struktur der Klasse, beeinflusse und festige sie!

8. *Schaffe ein optimales Verhältnis von Arbeitsteilung und Arbeitszusammenfassung!*
9. *Wehre den Anfängen der Vermassung!*
10. *Bedenke, dass die Klasse an sich noch keine Gemeinschaft ist, sondern erst in einem langen Prozess dazu heranreift!«* (Weiß 1972, 169 ff, zitiert nach Apel 2002, 22)

Führen lernen

Unter Führung wird die persönliche Einflussnahme auf das Verhalten anderer zur Realisierung von Zielen verstanden. Ziele können z.B. das gemeinsame Arbeiten, das Treffen von Entscheidungen oder das Finden von Regeln des Umgangs sein. Die Aufgabe der Führung besteht einerseits in der Ausrichtung der Geführten auf die Ziele und andererseits in der Stützung des Zusammenhalts der Gruppe. In der Gruppendynamik werden die Positionierung der Führungsperson in Bezug auf die Wahrnehmung dieser beiden Aufgaben und die Quellen der dafür notwendigen sozialen Macht thematisiert. Im Mittelpunkt von Seminaren betrieblicher Führung stehen drei Lernaufgaben. Teilnehmer/innen sollen lernen,

> *»• ihre eigene Persönlichkeitsstruktur mit allen Stärken und Schwächen zu kennen, • ihren persönlichen Managementstil zu erkennen und • destruktive Verhaltensmuster bei sich und anderen abzubauen. [...] Führung kann gelingen, wenn Führende sich ihrer Stärken und Schwächen bewusst sind, wenn sie in der Lage sind, positiv zu denken und ihren Führungsanspruch aufrecht zu erhalten, wenn sie erfolgreich mit Störung und Widerstand umgehen können. Dazu müssen sie über fachliche Kompetenz, sprachliche Kompetenz und Grundregeln der Menschenführung verfügen. Sie müssen in der Lage sein, auf unterschiedliche Situationen angemessen, zu reagieren.«* (Apel 2002, 79)

Führen kann auf drei Ebenen geschehen, durch organisatorische Maßnahmen, durch Delegieren und durch Kontrolle (Apel 2002, 78).

Führungsstile ausbilden

Eine Möglichkeit, Schulklassen zu führen, besteht darin, einen bestimmten Führungsstil anzuwenden. Günther Hartfield nennt fünf Bezugspunkte zur näheren Bestimmung des Führungsstils, nämlich

> »*(1) die Organisationsstruktur, in der Führung erfolgreich wird, (2) die besondere Aufgabe, zu deren Erfüllung Führung notwendig ist, (3) die Struktur der Gruppe und deren Mitglieder, (4) die führende Persönlichkeit und (5) die Institution sowie die damit vorgegebenen Rahmenbedingungen hierarchischer Art, in der Führung stattfindet.*« (Hartfield 1976, 208, zitiert nach Apel 2002, 24f.)

Helmut Fend unterscheidet mit Lippit und White drei Führungstypen, einen autoritären, einen demokratischen und einen Laisser-faire-Stil. Anderson unterscheidet einen eher herrschaftsbetonten und einen integrationsbetonten Führungstypus (Fend 1980, 170ff.). Solche Typologisierungen unterschlagen die Tatsache, dass es oft zu Zwischenformen kommt. Eine Erfassung des Führungsverhaltens mithilfe von Dimensionen scheint daher günstiger zu sein. Bei der Erforschung von *Erziehungsstilen* geht man von den Dimensionen Kontrolle und Unterstützung aus und kann dann ein Vierfelderschema zur Kennzeichnung des Verhaltens entwickeln (Rheinberg/Bromme/Minsel/Winteler/Weidenmann 2001, 290).

Unterstützung	**Kontrolle / Monitoring** **hoch**	**Kontrolle/ Monitoring** **niedrig**
hoch	autoritatives Verhalten	permissives Verhalten
niedrig	autoritäres Verhalten	vernachlässigendes Verhalten

Abb. 20: Eine Vierfelder-Klassifikation von Erziehungsstilen, nach Rheinberg/Bromme/Minsel/Winteler/Weidenmann 2001, 290

Das autoritative Verhalten (hohes Ausmaß von Unterstützung und gleichzeitig hohe Kontrolle) hat die günstigsten Auswirkungen. Diese Merkmale finden sich auch in der Grundschulstudie von Weinert und Helmke (1996), die als Merkmale von Optimalklassen gefunden haben:

- der Unterricht ist besonders klar und gut strukturiert,
- die Klassenführung ist effektiv und straff,
- die Lehrer fördern und ermutigen relativ häufig aufgabenbezogene Schüleraktivitäten,
- es werden variable Unterrichtsformen gewählt,
- die Lehrer bieten, falls nötig, individuelle Unterstützung an.

Klassenklima

Weniger bedeutsam als der Führungsstil, der in unterschiedlichen Gruppen unterschiedliche Effekte hervorbringen kann, ist das Klassenklima. Mit Klassenklima beschreibt Helmut Fend Merkmale der sozialen Umwelt in einer Schulklasse. Das Klima ist davon abhängig, wie Leistungsanforderungen durchgesetzt, wie der »Betrieb« aufrechterhalten und soziale Kontrolle ausgeübt wird und welche Beziehungen sich in der Schulklasse zwischen Lehrkräften und Schülerinnen und Schülern entwickeln (Fend 1980, 174ff.). Der Wissenschaftler fand heraus, dass dafür auch die Autoritätsvorstellungen und die damit verbundenen Menschen- und Gesellschaftsbilder in der Lehrerschaft selbst (Progressivität resp. Konservatismus), von Bedeutung sind (Fend 1980, 183f.). Von daher ist festzustellen, dass unter demokratischen Schulverhältnissen die Situation – angesichts der Reduktion sozialer Distanz und der Aufgabe klassischer Disziplinierungsstrategien – schwieriger geworden ist.

Andreas Helmke (1992) nennt »drei Dimensionen einer gelingenden, also effektiven Klassenführung:

- *Störungsarmut des Unterrichts,* fassbar über die Anzahl der Lehrereingriffe zur Sicherung der Disziplin während des Unterrichts,

- *Effizienz des Regelsystems in der Klasse,* festgesetzt als Wirksamkeit der Regeln für das Schülerverhalten,
- *Management von Disziplinstörungen,* operationalisierbar als Umgang der Lehrer mit Störungen im Unterricht.« (Helmke 1992, zitiert nach Apel 2002, 83f.)

Nach Franz E. Weinert (1998) geht es bei Konzeptionen der Klassenführung um »Motivieren« und »Disziplinieren«, also »›um Fähigkeiten des Lehrers, die Schüler einer Klasse zu motivieren, sich möglichst lange und intensiv auf die erforderlichen Lernaktivitäten zu konzentrieren‹ und darum, ›den Unterricht möglichst störungsarm zu gestalten oder auftretende Störungen schnell und undramatisch beenden zu können‹« (Weinert 1998, 27, zitiert nach Apel 2002, 90).

> »Motivieren. *Lehrer müssen die Schüler möglichst lange zu konzentrierter Lernarbeit motivieren können. Sie müssen also in der Lage sein, didaktisch eine Situation herzustellen, die dazu anregt, die vorhandene Lernzeit optimal zu nutzen. [...]*
> Störungen vorbeugen. *Lehrer müssen ihren Unterricht möglichst störungsarm gestalten. [...]*
> Regulieren. *Lehrer müssen in der Lage sein, auftretende Störungen schnell und unauffällig zu beenden. Gerade an dieser Stelle ist zweierlei gefragt: (1) die pädagogische Urteilskraft als schnelle Einschätzung dessen, was getan werden muss, sowie (2) Techniken des Umgangs mit solchen Situationen, die nur durch reflektierte Erfahrung gewonnen werden können.«* (Apel 2002, 90f.)

Neben Handeln in aktuellen Situationen zur Vermeidung von Unterrichtsstörungen bietet es sich – im Rahmen einer demokratischen Pädagogik – an, mit Schülerinnen und Schülern Regeln für den Unterricht und das Klassen- und Schulleben zu entwickeln und konkret auftauchende Probleme und Schwierigkeiten (z.B. in Klassenversammlungen oder im Klassenrat) zu bearbeiten (vgl. Kiper 1997; Palentien/Hurrelmann 2003).

Allgemeine und Fach-Didaktik

In diesem Kapitel werden die Begriffe Allgemeine Didaktik, Fachdidaktik, Bereichsdidaktik geklärt. Es werden die Unterschiede zwischen wissenschaftlichen Disziplinen und Schulfächern verdeutlicht, auf Fragen fachdidaktischer Theoriebildung und auf das Verhältnis von Allgemeiner Didaktik und Fachdidaktiken eingegangen. Auf der Grundlage einer Kritik an den gesellschaftlichen Schlüsselproblemen als Mittelpunkt des Lehrplans wird die Relevanz fachlich organisierten Lernens diskutiert. Dabei wird herausgestellt, dass die Fächer mit ihren spezifischen Inhalten und Methoden sich dadurch legitimieren, dass sie jeweils zur Erklärung eines besonderen Ausschnitts der Wirklichkeit beitragen. Die Aufgabe der Fachdidaktik, über die Organisation des Erkenntnisprozesses nachzudenken, diskutieren wir unter Kritik des verkürzten Ansatzes der Didaktischen Rekonstruktion.

Didaktik – Fachdidaktiken – Bereichsdidaktiken

Die *Allgemeine Didaktik* umfasst – neben Überlegungen zur Auswahl der Bildungsinhalte und damit zum Lehrplan/Curriculum – Überlegungen zum Lehren und Lernen. Sie werden für verschiedene Lernende konkretisiert. Für den schulischen Bereich gibt es neben der Allgemeinen Didaktik die verschiedenen *Fachdidaktiken*. Fachdidaktiken (als Didaktiken der Schulfächer) sind eigenständige Disziplinen, die ihre Legitimation aus der zu leistenden Vermittlung zwischen Allgemeiner Didaktik und der jeweiligen Fachwissenschaft (und oftmals weiteren Disziplinen) schöpfen. Sie werden für die verschiedenen Schulstufen und Schulformen konkretisiert. In den *Bereichsdidaktiken* geht es um die Entwicklung didaktischer

Überlegungen für integrierte Bereiche, z.B. für den Bereich des gesellschaftswissenschaftlichen oder naturwissenschaftlichen Lernens, für Verkehrserziehung, Medienerziehung, Gesundheitserziehung; es geht darum, neue Lernbereiche, in denen fächerübergreifendes oder fächerverbindendes Lernen geschehen soll, sinnvoll zu begründen (Didaktik der Umweltbildung, der Sexualerziehung, der Friedenserziehung) und über die Fundierung entsprechender Lernprozesse nachzudenken. Mit der Ausdifferenzierung von Allgemeiner Didaktik, Fachdidaktik und Bereichsdidaktiken stellt sich auch die Frage nach ihrer Relevanz und ihrem gegenseitigen Verhältnis. Soll sowohl Allgemeine Didaktik wie die Fachdidaktik ausgewählter wissenschaftlicher Disziplinen (und bevorzugt der gewählten Fächer) studiert werden? In welchem Verhältnis stehen dabei die wissenschaftlichen Disziplinen, die Unterrichtsfächer und die Fachdidaktiken?

Disziplinen – Unterrichtsfächer – Fachdidaktiken

Lothar Klingberg stellt den Unterschied zwischen wissenschaftlichen Disziplinen, Schulfächern und Fachdidaktiken heraus.

> »*Wissenschaftliche Lehrdisziplinen sind Funktionen der Wissenschaft, ihrer Tradierung und Reproduktion; sie sind in erster Linie der Wissenschaft wegen da. Unterrichtsfächer sind der Lernenden wegen da. Wissenschaftliche Lehrdisziplinen werden ganz überwiegend durch ihre Sachlogik konstituiert; Unterrichtsdisziplinen durch die Logik pädagogisch intendierter und didaktisch verfasster Vermittlungs- und Aneignungsprozesse.*« (Klingberg 1994, 71/72)

Wenn wir davon ausgehen, dass es das Bestreben vieler Disziplinen ist, zum Schulfach zu werden, zugleich aber – durch die begrenzte Verfügbarkeit von Lehr- und Lernzeit – Auswahlentscheidungen getroffen werden müssen, dann stellt sich die Frage nach den Kriterien für Auswahlentscheidungen. Nach Klingberg kommt es darauf an,

> *»die sachlogische Struktur einzelner Fächer und Fächergruppen zu differenzieren, um didaktische Typisierungen auf der Ebene von Fächergruppen [...] herausarbeiten zu können [...].«* (Klingberg 1994, 72)

Nach Klingberg besteht die Problematik der Fachdidaktiken in ihrer Abhängigkeit von bildungspolitischen Entscheidungen zur Fächerstruktur eines Schultyps und zum Fächerstudium im Rahmen der Lehrerbildung (vgl. Klingberg 1994, 75). Welche Fächer in den Schulen angeboten werden, welche wissenschaftlichen Disziplinen und ihre Fachdidaktiken an den Universitäten studiert werden können, unterliegt neben bildungspolitischen auch finanzpolitischen Entscheidungen.

Wolfgang Klafki formulierte 1963 fünf Sinnprinzipien, die den Sinn eines Schulfaches im Gesamtzusammenhang der Bildung ausweisen und nannte das ethische, das ästhetische und musische, das theoretische, das pragmatische und das religiöse Prinzip als Grundlage für die Begründung von Fächern (vgl. Klafki 1963, zitiert nach Plöger 1999, 55). Hermann Giesecke (2002) betont, basierend auf Überlegungen zur Aufgabe der Schule, die Notwendigkeit, solche Fächer aufzunehmen, die abgrenzbare Wirklichkeitsbereiche durch ihre Fragestellungen, Inhalte und Methoden sinnvoll erschließen.

Fachdidaktische Diskussionen

Fachdidaktische Theoriebildung nimmt Bezug auf die Inhalte einer oder mehrerer Wissenschaftsdisziplinen. Die Fachdidaktik vereinigt Fragestellungen der Allgemeinen Didaktik, Aspekte der dem jeweiligen Schulfach korrespondierenden Fachwissenschaft(en), spezielle fachdidaktische Elemente (z.B. Methoden, Medien) und Fragen nach den spezifischen Lernprozessen in der jeweiligen Domäne. Sie setzt sich u.a. mit fachwissenschaftlichen Inhalten unter dem Gesichtspunkt ihrer Lehr- und Lernbarkeit auseinander. Dabei nimmt sie Bezug auf die Alltagstheorien der Lernerinnen und Lerner und fragt nach deren Konstruktions- und Rekonstruktionsprozessen beim Lernen. Überblicken wir die fachdidaktische Diskussion, dann geht es um

- fachliche Klärung von Fragen, Problemen, Themen aus einer Domäne, auch unter Rückgriff auf die Wissenschaftsgeschichte und die historische Einordnung von Denkfiguren, Konzepten und Begriffen,
- Markieren der Spezifität und Grenzen der disziplinären Herangehensweise,
- Begründung der Bildungsrelevanz der Ziele und Inhalte,
- Bestimmung der möglichen Inhalte eines Faches,
- Treffen von Entscheidungen darüber, welche Erkenntnisse, Denkweisen und Methoden der Fachwissenschaften zu Lernzielen des Unterrichts werden sollen,
- Entwicklung fachspezifischer Lehrpläne (z.B. für verschiedene Schulformen, Schulstufen) und deren kritische Überprüfung und Innovation,
- Ermittlung von Methoden, Medien, Lehr-Lernarrangements und Organisationsformen des Unterrichts, die zur Realisierung der fachlichen Ziele geeignet sind,
- Erhebung von Schülervorstellungen,
- Auseinandersetzung mit typischen Lehr- und Lernprozessen in einer Domäne,
- Entwicklung fachspezifischer Standards für die Formulierung von Anspruchsniveaus der schulischen Leistungen,
- Auseinandersetzung mit sinnvollen Aufgabenstellungen auf unterschiedlichen Stufen der Kompetenz, die helfen, dass Schülerinnen und Schüler Wissen, Erkenntnisse und Fähigkeiten erwerben,
- Bereitstellung handlungsleitender Theorien, die angeben, welche Handlungen unter welchen Umständen von welchen Personen mit Aussicht auf Erfolg ausgeführt werden können (vgl. Achtenhagen 1981, 275),
- fachdidaktische Unterrichtsforschung zur Erhebung von Lehr-Lernvorgängen und Lehr-Lernprozessen bei der Durchführung des Unterrichts,
- Hilfen bei der Vorbereitung und Evaluation von Fachunterricht.

Allgemeine Didaktik und Fachdidaktik

Allgemein- und fachdidaktische Diskussionen entwickelten sich auseinander, auch aufgrund struktureller Entscheidungen bei der Integration der Pädagogischen Hochschulen in die Universitäten, wurden doch die Fachdidaktiken nicht in den Erziehungswissenschaftlichen Fakultäten angesiedelt, sondern den Fächern zugeordnet (vgl. Plöger 1999). In bestimmten Abständen wird das Gespräch gesucht (vgl. Meyer/Plöger 1994; Münzinger/Klafki 1995).

Von Fachdidaktikern wird oftmals betont, dass es keinen allgemeinen Unterricht, sondern nur Fachunterricht gäbe; daher problematisieren sie den Anspruch der Allgemeinen Didaktik, *allgemein* bedeutsame Formen, Verfahren und Lehrstrategien zu entwickeln (vgl. Pandel 1997, 25f.). Sie schlagen vor, eine allgemeine Fachdidaktik zu konzipieren (vgl. Achtenhagen 1981). Einige Fachdidaktiker betonen die zentrale Rolle der Fachdidaktiken in der professionellen Lehrerbildung, erfolge doch das Lernen inhaltsbezogen und bereichsspezifisch (vgl. Kattmann 2003, 307). Sie wollen die Fachdidaktik als »Metawissenschaft« zum Kern der Lehrerbildung machen (Kattmann 2003, 315).

Dagegen wirken die Aussagen von Vertretern der Allgemeinen Didaktik bescheiden. So führt Wolfgang Klafki aus, dass nicht die Allgemeine Didaktik das Allgemeine und die Fachdidaktik das Besondere behandele und der Allgemeinen Didaktik ein Vorrang (logischer und zeitlicher Primat) vor dem Besonderen zukommt, sondern postuliert ein Verhältnis der Gleichberechtigung und der kritischen und konstruktiven Kooperation (vgl. Klafki 1994, 53). Wilfried Plöger betont *die heuristische Funktion* allgemeindidaktischer Modelle für die fachdidaktische Diskussion. Jedoch betonen Erziehungswissenschaftlerinnen und Erziehungswissenschaftler die Notwendigkeit, die einzelnen Fachdidaktiken daraufhin zu befragen, welchen Beitrag sie zur Bildung resp. zur Entwicklung eines Welt- und Selbstverständnisses junger Menschen leisten (vgl. Klafki 1994, 57). Um den expansiven Tendenzen einzelner Fächer und ihrer Didaktiken entgegenzutreten wird versucht, die Fächer unter begründete Leitkategorien zu stellen (z.B. Bildung – Qualifikation – Schlüsselqualifikationen – Kompetenzen – Literacy) und sie so zu begrenzen. So sollen die Chancen und Grenzen eines Faches unter übergeordneten Gesichtspunkten bestimmt werden.

Wolfgang Klafki schlug vor, »Wege zu einem an Schlüsselproblemen orientierten Unterricht« einzuschlagen (Klafki 1995, 40). Darunter versteht er einen Unterricht, der einer Konzeption von Allgemeinbildung verpflichtet ist, die – auf dem Hintergrund einer Bestandsaufnahme gesellschaftlicher Entwicklungen und einer Verlängerung dieser Entwicklungslinien in die Zukunft – mehrfach dimensioniert wird, nämlich als Verbindung von Selbstbestimmungs-, Mitbestimmungs- und Solidaritätsfähigkeit und als Bildung für alle, die auf alle Fähigkeiten der Menschen abzielt. Inhaltlich wird Allgemeinbildung durch Frage- und Problemstellungen, die die Menschen gemeinsam angehen, bestimmt. Sie wird konkretisiert durch epochaltypische *Schlüsselprobleme*, wie z.B. Probleme des Nord-Süd-Gefälles, Fragen von Krieg und Frieden, ökologische Probleme, soziale Ungleichheit, Arbeit und Arbeitslosigkeit, das Verhältnis der Geschlechter und Generationen zueinander, Möglichkeiten und Gefahren der Technik- und Medienentwicklung und die Subjektivität und menschliche Verantwortung des Einzelnen (vgl. Klafki 1985, 21).

Dagegen plädiert Heinz-Elmar Tenorth für fachlich strukturiertes Wissen in der Schule, geschehe doch die Definition, der Aufbau und die systematische Organisation des Wissens durch die Fächer. Sie ermöglichten dessen Aneignung, Erprobung und Anwendung und führten ein in ein jeweils spezifisches Verständnis von Welt. Das Schulfach sei »die zentrale Bedingung inhaltlich anspruchsvollen Lernens« (Tenorth 1999, 193). Auch Hermann Giesecke votiert für fachlich organisierten Unterricht, weil Fachunterricht einen deutlich erkennbaren und von anderen Fächern/Lernbereichen unterscheidbaren Wirklichkeitsbereich abdecke und spezifisches Wissen, das mit besonderen Methoden gewonnen wurde, vermittele.

> *»Wissenschaftsorientierter Unterricht ist [...] nur als Fachunterricht denkbar, weil die wissenschaftliche Erkenntnis der Welt sich auf bestimmte Aspekte – Gegenstände – beschränken muss und weil die von ihr verwendeten Methoden nicht generell gelten können.«* (Giesecke 2002, 74)

Stellen wir die Ansätze gegenüber, dann führt ein Unterricht, der das Konzept der gesellschaftlich relevanten Schlüsselprobleme zum Ausgangspunkt wählt, bezogen auf den Kanon der Fächer, zu einer Überschätzung der Bedeutung gesellschaftswissenschaftlicher Fragestellungen (vgl. Plöger 1999). Die spezifischen Zugänge zu Ausschnitten der Wirklichkeit, und damit fachspezifische Fragestellungen, Themen und Methoden der Fächer werden verwischt. Der Unterricht wird thematisch strukturiert. Schülerinnen und Schüler setzen sich oftmals mit den gleichen Themen auseinander; es kommt zu Langeweile und Überdruss. Sie lernen nicht, unter dem Zwang der Methode über Fragestellungen nachzudenken, sondern werden in das Äußern von Meinungen einsozialisiert. Entscheidende Inhalte, die für einen kumulativen Wissensaufbau notwendig sind, werden möglicherweise gering geschätzt. Die Chance dieses Ansatzes besteht darin, als Prüfoperation genutzt zu werden. Bei einem solchen Vorgehen könnte gezeigt werden, inwieweit die Schülerinnen und Schüler die je spezifischen Fragestellungen und Methoden eines Faches zur Bearbeitung eines Phänomens oder Problems heranziehen können; sie müssten dazu die jeweilige Reichweite der Aussagen, aber auch die Grenzen der jeweiligen Perspektive bei der Bearbeitung eines Themas markieren.

Fruchtbare Perspektiven

Eine Weiterentwicklung des Gesprächs zwischen Allgemeiner Didaktik und Fachdidaktiken liegt in der Entfaltung einer interdisziplinären Perspektive, die die Differenzen zwischen Allgemeiner Didaktik und Fachdidaktiken verdeutlicht und aufzeigt, dass jeweils unterschiedliche Erkenntnisinteressen verfolgt werden.

> *»Jede grundlegend anerkannte (paradigmatische) Theorie vermittelt eine spezifische Weltansicht der Wissenschaftler, die im Rahmen ihrer Forschungstätigkeit über die Theorie verfügen, eine eigentümliche Sicht (Perspektive, Einstellung) sowohl der Wirklichkeit als auch der betriebenen Wissenschaft gegenüber. Jede grundlegend anerkannte Theorie (einschließlich der von ihr sich ablei-*

> *tenden Fachsprache) begründet so eine spezifische Art der Auseinandersetzung mit und Aneignung von Wirklichkeit.«* (Hericks 1994, 222/223)

Werden unterschiedliche Fragestellungen, Probleme und Methoden konturiert, kann deutlich werden, dass die Fachdidaktiken und die ihnen korrespondierenden Schulfächer jeweils in eine in der abendländischen Tradition bewährte Art und Weise, die Welt zu befragen, einführen; ihre kulturkonstituierenden Sichtweisen folgen einer Eigenlogik (vgl. Pandel 1997). Das Aufgreifen und Fruchtbarmachen der besonderen wissenschaftsorientierten Zugriffsweisen zeigt den besonderen Ansatz zur Erklärung und Ordnung der Welt aus der jeweiligen wissenschaftlichen Perspektive und auch die Grenzen des jeweiligen disziplinären Zugriffs. Die Aufgabe der Fachdidaktik wird darin bestehen, durch Sachanalysen über Lehrbarkeit der ihrem Fach entsprechenden Wissens- und Erkenntnisstrukturen, Erkenntnisformen und Lehr- und Lernwege aufzuzeigen (vgl. Giesecke 2002, 72).

Die Allgemeine Didaktik wird bildungstheoretische und lehrplantheoretische Fragestellungen diskutieren, in wissenschaftstheoretischer Fassung die jeweilige Perspektivität der Fragestellungen, Begriffe und Methoden der Disziplinen, Schulfächer und ihrer Didaktiken erhellen und den Wissensaufbau in den verschiedenen Disziplinen und seine Koordinierung diskutieren. Als Metawissenschaft kann sie eine Kontrastierung, Bündelung, Ergänzung, Verschränkung und Reflexion verschiedener fachdidaktischer Positionen (unter Aufgreifen ihrer spezifischen, kulturell geprägten Erkenntnisformen) vornehmen und die jeweilige Reichweite markieren. Die Allgemeine Didaktik hat die Gesamtwirkung von Unterricht und Schule auf den Menschen im Blick und kann den Fachunterricht als Teil eines Bildungsprozesses in Relation zu anderen Teilen erforschen. Fassen wir die Überlegungen zum Verhältnis von Allgemeiner Didaktik und Fachdidaktiken noch einmal zusammen, zeigt sich die Berechtigung und Notwendigkeit sowohl der Allgemeinen Didaktik wie der Fachdidaktik.

Begrenzte Perspektiven verschiedener Fachdidaktiken

Das soll an Unterschieden in Inhalten und Methoden einzelner Schulfächer und ihrer Didaktiken gezeigt werden.

Zum *Lernbereich Sprachen* zählen wir die Fächer Deutsch, die Fremdsprachen (Englisch, Französisch, Spanisch, Russisch, Türkisch etc.) und die sprachlichen Anteile der Sachfächer. Als Lernziele im Lernbereich Sprachen werden das angemessene Sprechen, Lesen und Schreiben, die Entwicklung von Ausdrucksfähigkeit und Kommunikationsfähigkeit und – auf der Grundlage von Sprachrichtigkeit – ein Verstehen von Sprache als Struktur und System genannt (vgl. Edelstein/Schäfer 1971).

Im Fach *Deutsch* erwerben Schülerinnen und Schüler die Kompetenz im Lesen, Schreiben und im Verfassen von Texten; sie schulen ihre Ausdrucks- und Kommunikationsfähigkeit. Sie interpretieren literarische Texte und erwerben somit die Grundlagen hermeneutischen Verstehens und beginnen, ihre Einsozialisation in Kultur(en) zu reflektieren. Sie denken nach über sprachliche Ausdrucksformen und ihren angemessenen Gebrauch in verschiedenen Situationen. Sie beschreiben unterschiedliche Sprachverwendungsweisen (Vulgärsprache, Alltagssprache, Hochsprache, Dialekte). Sie setzten sich mit Formen sprachlicher und nonverbaler Verständigung in Kommunikations- und Interaktionsprozessen auseinander.

Im Fach *Englisch* erwerben die Schülerinnen und Schüler ein solides Wort-, Formen- und syntaktisch-idiomatisches Wissen und versuchen, Gehörtes und Geschriebenes zu verstehen und darauf sprachlich zu reagieren (Aufbau von Kommunikationsfähigkeit). Hörverstehen, Leseverstehen, Sprechen und Schreiben stehen im Mittelpunkt des Unterrichts. Je nach Bildungsgang werden dabei unterschiedliche Akzente gesetzt. In der Hauptschule z.B. wird ein fortschreitender Spracherwerb, die situationsangemessene Sprachverwendung, die Bewältigung elementarer Gesprächssituationen des täglichen Lebens und ein einfacher Meinungsaustausch über Sachverhalte für wichtig angesehen. Im Bildungsgang des Gymnasiums wird darüber hinaus ein Einblick in historische, geografische, politische und kulturelle Gegebenheiten eines Landes und in die Lebensbedingungen seiner Bewohner (Landeskunde) mit dem Ziel der Relativierung des eigenen Standpunktes und der Erweiterung des Weltbildes angestrebt. Beiläufig erwerben sie – mit dem Erwerb von kommunikativer Kompetenz in einer neuen Sprache – auch eine gewisse Reflexivität gegenüber der eigenen Sprache und ihrer Verwendung. In Auseinandersetzung mit den Einstellungen gegenüber anderen und beim Erwerb von Fertigkeiten im Umgang mit den anderen (Vollzug sprachlicher Akte) kann es gelingen, Perspektivität und Einsicht in andere Varianten des Umgangs der Geschlechter, der Generationen, der Gestaltung von Politik, Kultur und Gesellschaft zu gewinnen. Zugleich verhilft der Erwerb einer neuen Sprache beim reflektierten Umgang mit Sprache überhaupt.

Betrachten wir, was Schülerinnen und Schüler im Lernbereich Sprache lernen, so sind es das Erzählen und Referieren, das Lesen und Verfassen von Texten und das Unterscheiden von Textsorten (vgl. Aebli 2001). Sie erwerben aber nicht nur Lese- und Schreibkompetenz, sondern werden zu symbolischer Interaktion befähigt: »Kommunikation von Sinn im Medium der Umgangssprache«, »Deutung von Zusammenhängen der Lebenspraxis«, »Verstehen der eigenen Biografie«; sie ermöglichen, in ein reflexives Verhältnis zur eigenen Kultur auf verschiedenen Ebenen (Dyade, Gruppe, System) einzutreten und sich mit anderen Menschen und fremden Erfahrungen zu identifizieren.

Der naturwissenschaftliche Lernbereich wird von den Fächern Physik, Chemie, Biologie und z.T. auch von der Mathematik mit bestimmt. Als Lernziel in diesem Bereich wird genannt, dass die Schülerinnen und Schüler mit dem naturwissenschaftlichen Erkenntnisprozess vertraut werden sollen. Dazu wird als notwendig angesehen, dass die Schülerinnen und Schüler in Modellen denken, mit wichtigen Konzepten der verschiedenen Naturwissenschaften bekannt gemacht werden. Die spezifischen Methoden (Beobachten und Experimentieren) sollen im Unterricht dominieren. Vor allem das Erkennen und selbstständige Lösen von Problemen wird als wichtig angesehen (vgl. Hassenstein/Beckmann 1971).

Alfred Schleip (1981) akzentuierte die besondere Weltsicht der *Chemie* so: Sie befasst sich mit den Eigenschaften der Stoffe und interessiert sich für die Veränderung der stofflichen Zusammensetzung durch chemische Vorgänge. Naturvorgänge verliefen gesetzmäßig, denn die Natur ist gesetzmäßig aufgebaut. Die Naturgesetze ließen sich durch Rechenvorgänge erfassen (vgl. Schleip 1981). Auf dieser Grundlage stellte er spezifische Methoden und Verfahren der Chemie vor.

Die *Physik* versteht sich als diejenige Disziplin, der es weitgehend gelingt, »experimentell überprüfbare« Aussagen über Naturvorgänge zu gewinnen. Sie will sich nicht darauf beschränken, physikalische Fakten und Gesetze zu lehren, sondern in die Methoden physikalischer Erkenntnisgewinnung, physikalischen Denkens und Forschens einführen. Josef Saxler diskutiert, wie ein Sachverhalt Schülerinnen und Schülern so zum Problem werden kann, dass sie das Interesse entwickeln, eine Lösung zu finden.

> *»Probleme zu lösen bedeutet, neue Sachverhalte in bekannte Strukturen widerspruchsfrei einzuordnen oder bekannte Strukturen so umzuformen oder zu erweitern, dass die neuen Sachverhalte widerspruchsfrei in die neue Struktur einzuordnen sind. Einordnen eines Sachverhaltes in eine Struktur heißt dabei, dass er sich aus der Struktur heraus vollständig erklären lässt, d.h. [...], im Bereich der Experimentalphysik, dass sich der Sachverhalt aus Experimenten gibt, die im Einklang mit der vorhandenen Struktur durchgeführt werden. Ein Problem ist umso schwieriger, je weniger die Struktur (z.B. Theorie), in die der fragliche Sachverhalt passt, dem Problemlöser bekannt, bzw. präsent ist, und je weniger die Stelle dem Problemlöser griffbereit ist [...], an welcher der neue Sachverhalt in die Struktur einzufügen ist bzw. die Stelle, an welcher die Struktur verändert oder ausgebaut werden muss, um den neuen Sachverhalt einbeziehen zu können.«* (Saxler 1981, 573)

Das Fach *Biologie* unterlag in den letzten Jahrzehnten einem Wandel mit der Konsequenz, dass seine entscheidenden Themen sich veränderten. Ökologie, Ethologie, Evolutionstheorie, Genetik, Sexual-, Umwelt- und Gesundheitserziehung wurden in den Lehrplan aufgenommen. Lange Zeit stand die Bestimmung der Regelhaftigkeiten in der Natur durch biologische Betrachtung (physiologische Morphologie von Pflanzen und Tierarten und Einführung in die Systematik des Pflanzen- und Tierreichs), heute steht die Erarbeitung biologischer Gesetzmäßigkeiten am Beispiel der Lebensgemeinschaften in verschiedenen Lebensräumen im Mittelpunkt des Unterrichts. Dabei wird die systematische Ordnung im Biologieunterricht durch neue Angebote zur Gesamtstrukturierung verändert. Ein Beispiel dafür waren die Hessischen Rahmenrichtlinien, die eine Orientierung an »Situationsfeldern« vornahmen. Es waren u.a. »Umweltplanung«, »Rückwirkungen der Technik«, »Zivilisation und Entwicklung der Menschheit«, »Zwischenmenschliche Beziehungen« und »Sexualität« (vgl. Stichmann 1981, 610). So werden, z.B. in den Rahmenrichtlinien für das Gymnasium Schuljahrgänge 7-10 Biologie, in Niedersachsen sowohl die positiven Einflüsse von Naturwissenschaften und Techniken wie die Risiken und Gefahren genannt und – zur Lösung der Probleme der Gegenwart – die Zusammenarbeit der Wissenschaften angemahnt (Niedersächsischer Kultusminister 1994, 4). Methodenkenntnis und Methodenbeherrschung in den Naturwissenschaften erscheinen dabei wichtiger als »der Aufbau kontingenter und rasch wechselnder Wissensbestände« (Niedersächsischer Kultusminister 1994, 5). Es wird die Bedeutung des Biologieunterrichts zur Einübung naturwissenschaftlicher Denk- und Arbeitsweisen genannt. »Die Schülerinnen und Schüler werden im Beobachten, Beschreiben, Vergleichen, Ordnen, Experimentieren, selbstständigen Entwickeln von Fragen bzw. Hypothesen und deren Überprüfung geschult« (Niedersächsischer Kultusminister 1994, 9). Der Biologieunterricht wird unter die Leitlinien »Umwelt«, »Gesundheit«, »Ethik«, »Begriffe und Modelle«, »Prozessorientierung« und »Freilandarbeit« gestellt und ausgewählte Unterrichtsinhalte vorgeschlagen.

Als besondere Lernverfahren in den Naturwissenschaften sind das Anschauen und Beobachten, das Experimentieren (Physik, Chemie, Biologie), das Bilden von Begriffen (Biologie) und das Erarbeiten von Handlungsabläufen von Bedeutung (vgl. Aebli 2001).

Im *gesellschaftswissenschaftlichen Lernbereich* (Geschichte, Geografie, Sozialkunde) muss das didaktisch angeleitete Nachdenken über politisch-gesellschaftliche Probleme und Konflikte mit dem Ziel des Trainings von Urteils- und Vorstellungskraft durch die Schulung systematischer Denkzusammenhänge ergänzt werden. Dazu sind wichtige sozialwissenschaftliche und politikwissenschaftliche Modelle heranzuziehen. Hermann Giesecke geht davon aus, dass dazu als Sachbereiche das politische System (Grundrechte, Volkssouveränität und Wahlrecht; Rechtsstaatlichkeit; Gewaltenteilung; Sozialstaatlichkeit), das ökonomische System (Arbeitsverhältnis; Berufsausbildung, Tarifpartnerschaft; privater Konsum; Wirtschaftspolitik) und das Kommunikationssystem (Presse; Fernsehen; Werbung; Datennetze) erschlossen werden müssen (Giesecke 2002, 70). Er betont die Wichtigkeit des Trainings selbstständiger Informationsaneignung und -verarbeitung. Der Autor betont die Notwendigkeit, den Geschichtsunterricht neu zu durchdenken. Er will eine chronologisch-ereignisgeschichtliche Darstellung mit strukturgeschichtlichen Orientierungen verknüpfen; Ereignisgeschichte und Strukturgeschichte stünden in einem Abhängigkeitsverhältnis (Giesecke 1971). Zum Kanon der im Unterricht zu behandelnden Ereignisse zählt der Autor für das letzte Jahrhundert etwa »den Ersten Weltkrieg, die Russische Revolution, den Versailler Friedensvertrag, die Machtergreifung der Nationalsozialisten, die Nürnberger Gesetzte, den Zweiten Weltkrieg, die Gründung der Bundesrepublik Deutschland und den Beitritt der DDR« (vgl. Giesecke 2002, 71, auch 1971, 58).

Aus diesem Abriss zeigt sich, dass die verschiedenen Schulfächer in unterschiedliche Wirklichkeitsbereiche einführen und mit verschiedenen Methoden der Erkenntnis verbunden sind. Die Zeitanteile und die zeitliche Folge dieser Angebote in einem schulischen Curriculum sind zu bestimmen. Dies kann die einzelne Fachdidaktik nicht alleine tun. Im Sinne dieser Gesamtsicht auf den Bildungsgang ist die Allgemeine Didaktik eine Metadisziplin für die Fachdidaktiken, denen sie ihre Position zuweist.

Zur Didaktischen Rekonstruktion

Dass sich Didaktik intensiv um die Lernvoraussetzungen der Schülerinnen und Schüler kümmern muss, ist ein alter Gedanke. Reformpädagogen wie *John Dewey (1859–1952)* oder *Georg Kerschensteiner (1854–1932)* formulierten die Notwendigkeit, sich mit den Denkprozessen der Schülerinnen und Schüler auseinander zu setzen und die Lern- und Arbeitsformen in der Schule daran zu orientieren. In der Berliner Didaktik wird den anthropogenen und soziokulturellen Voraussetzungen der Schülerinnen und Schüler Bedeutung beigemessen.

Didaktische Rekonstruktion als Forschungsrahmen (vgl. Gropengießer 2001; Kattmann 2003) stellt sich die Aufgabe, Schülervorstellungen mit dem Ziel zu erheben, über fachliche Klärung und didaktische Strukturierung ihren Lernprozess als eigenständigen Konstruktionsprozess anzulegen. Das Programm sieht eine fachliche Klärung unter Berücksichtigung des gegenwärtigen Standes der Theoriebildung in der jeweiligen Disziplin, der Wissenschaftsgeschichte einschließlich einer Bewertung der fachlichen Quellen und wissenschaftlichen Positionen vor. Danach sollen Schülervorstellungen erfasst werden, wobei ihnen Sinn und situationsabhängige Kohärenz und Stimmigkeit unterstellt wird; sie werden als Ergebnis der bisherigen Lerngeschichte geachtet. Darauf basierend soll eine didaktische Strukturierung vorgenommen werden.

Die mit dem Konzept der Didaktischen Rekonstruktion einhergehende Frage ist zunächst, ob es heute noch genuine Schülervorstellungen, unberührt von wissenschaftlichem Wissen, gibt. Ein einfaches »Laienwissen«, unberührt von wissenschaftlichen Vorstellungen, scheint uns ebenso wenig vorhanden wie Alltagstheorien von Kindern, die von den Wissenschaften unberührt sind. Schon Kinder im Kindergarten und in der Grundschule bilden ein Gemisch von Vorstellungen, das Elemente aus Mythen, Märchen, Erzählungen ebenso enthält wie Begriffe und Elemente aus Natur- und Sozialwissenschaften. Zusätzlich sind ihre Vorstellungen angereichert mit Bildern aus Fernsehsendungen, Computerspielen und aus dem Internet (vgl. Kiper 1987; Gläser 2002).

Es stellt sich in erster Linie nicht die Aufgabe, die Deutungsmuster der Kinder systematisch zu sammeln, festzuhalten und abzubilden, sondern der Unterricht muss die vorhandenen Vorstellungen (unabhängig von ihrer Genese) auf ihre Reichweite und Gültigkeit überprüfen, klären, ordnen und korrigieren. Es sollen haltbare und anerkannte Erkenntnisse, Konzepte und Methoden vermittelt und Prüfkriterien für die Unterscheidung von richtig/falsch, angemessen/unangemessen, wahr/unwahr eingeführt werden. Selbst dann, wenn man Lernen als Konstruktionsprozess versteht, stellt sich die Frage nach Hilfen für die Entfaltung von Strategien für eine Klärung unangemessener Vorstellungen und nach Wegen ihrer Änderung zugunsten angemessener Theorien. Die Frage der Klärung und Korrektur der Schülervorstellungen durch Lernen im Unterricht ist unseres Erachtens die zu klärende Schlüsselfrage.

> »*Rosalind Driver (1989, 88) skizziert eine idealisierte Sequenz von Lernsituationen, die zur Änderung von Vorstellungen führen soll. Am Anfang steht zunächst eine Orientierung der Schüler. Es geht dann zweitens darum, Schülervorstellungen zu entwickeln, d.h. sie hervorzulocken und sie explizit zu machen. Drittens folgt die Restrukturierung der Vorstellungen durch eine Reihe von Möglichkeiten, z.B. durch Klärungen, durch Konfliktsituationen, durch die Konstruktion neuer Ideen und durch deren Bewertung. Es kommt dann viertens zu einer Anwendung der Vorstellungen und fünftens zu einer Reflexion über die Vorstellungsänderungen und zu einem Vergleich mit den vorherigen Vorstellungen. [...] Auf der Grundlage seines Lernmodells für den naturwissenschaftlichen Unterricht umreißt Ken Appleton (1993, 271) neun verschiedene Lehrer-Interventionen: (1) Vorverständnis identifizieren; (2) neue Erfahrungen machen lassen; (3) die damit verknüpften Vorstellungen herausfinden; (4) Fehlvorstellungen überprüfen lassen und testen; (5) falsche Akkomodation verhüten; (6) Aussteigen aus dem Lernprozess wegen mangelnder Motivation verhindern; (7) Hilfen für die richtige Akkomodation geben durch Erklärungen, Materialien, Diskussionsforen, Interpretationen von anderen Vorstellungen; (8) die neuen Vorstellungen anwenden und (9) Diagnose der Vorstellungen und weitere Abhilfen.*« (Gropengießer 2001, 208f.)

Wenn die Klärung der Sache als wichtig erscheint, sind Vorstellungsänderungen als Leistungen der Lernenden zu initiieren (Selbstkonstruktion) und dabei Hilfestellungen durch die Lehrkraft zu geben. Dabei sind folgende Momente wichtig, wie Vergewisserung (Explikation der eigenen Vorstellungen), Wandel (Modifikation eigener Vorstellungen), Anreicherung (Erhöhung der Komplexität der eigenen Vorstellungen), Bildung (Erwerb neuer Vorstellungen über neue Erfahrungen oder durch Kombination verfügbarer Vorstellungen), Wechsel (kontextangemessener Wechsel von einer Vorstellung zur nächsten), Anwendung (Anwendung eigener Vorstellungen auf verschiedene Situationen und Prüfung ihrer Passung), Strukturierung (In-Beziehung-Setzen verschiedener Vorstellungen), Bewertung (Veränderung von Status, Wert und Gebrauch von Vorstellungen durch metakognitive Prüfung ihrer Reichweite). Die Lehrkraft kann in neue Vorstellungen einführen, diese überzeugend darstellen oder erklären, an Schülervorstellungen anknüpfen, sie aber in einen neuen und anderen Zusammenhang einfügen oder deren Vorstellungen umdeuten, indem die Struktur akzeptiert, aber eine veränderte Bedeutung angeboten wird, zur Entwicklung neuer Ideen und Überprüfung vorliegender Vorstellungen inspirieren, zur Reflexion auffordern und Hilfen beim Austausch von Konzepten geben.

Unseres Erachtens ist gerade die Frage nach der Veränderung der Vorstellungen der Schülerinnen und Schüler und die Übernahme einer Verantwortung für die Entwicklung angemessener Begriffe, Konzepte und Theorien die didaktisch zu lösende Frage; sie kann unseres Erachtens nicht, wie z.B. in der Bildungsgangdidaktik, an die Lernenden abgegeben werden. Es reicht nicht, sich darauf zu konzentrieren, »die im (spezialisierten) Fachunterricht tatsächlich ablaufenden (subjektiven) Bildungsprozesse von Schülern verstehend nachzuvollziehen« (vgl. Hericks 1994, 221), sondern es ist zu antizipieren, wie weitere Schritte der Erkenntnis aussehen müssten. Das Modell der Didaktischen Rekonstruktion als theoretischer und methodischer Rahmen für Forschungsarbeiten wird noch unter Beweis zu stellen haben, dass es nicht nur gelingt, Schülervorstellungen zu bestimmten Fragestellungen und Problemen zu erheben, sondern einen Beitrag zur sinnvollen Anleitung von Lernprozessen und zur Umstrukturierung des Denkens der Schülerinnen und Schüler (»conceptual change«) zu geben.

Unterrichtsforschung

Lehren und Lernen werden nicht nur von der Allgemeinen Didaktik und den Fachdidaktiken thematisiert; Lehr- und Lernprozesse kommen auch aus der Perspektive der psychologischen Lehr- und Lernforschung in den Mittelpunkt der Betrachtung. *Norbert Vorsmann* hob früh hervor, dass die Allgemeine Didaktik auf die Begrenztheit und Vorläufigkeit ihrer Argumentation hinweisen und zur Beschreibung tatsächlicher Prozesse kommen müsse. Die Unterrichtsforschung habe aus der Beobachtung und Aufzeichnung von Unterrichtsprozessen ein möglichst »vollständiges Bild des tatsächlichen Geschehensablaufs« zu rekonstruieren und sie auf »Ursachen, Folgen und Zusammenhänge« hin zu analysieren (Vorsmann 1972, 29). Unterrichtsforschung könne zur kritischen Instanz gegenüber der Allgemeinen Didaktik werden. Vorsmann fragte nach der Abhängigkeit von Lehr- und Lernaktivitäten und wollte technische Möglichkeiten zu ihrer Erfassung bereitstellen.

Die Lehr- und Lernforschung kann sich dabei nicht nur auf die Lernpsychologie und insbesondere die Kognitionspsychologie beziehen, wenn von ihr auch vielfältige Impulse ausgehen. Sie muss nach Lehren und Lernen in institutionellen Kontexten fragen. Der Erfolg des Lehrens ist an den Lernerfolgen der Lernerinnen und Lerner festzumachen. Auch wenn Lehren und Lernen aufeinander bezogen sind, geht Lehren nicht automatisch mit Lernen einher. Lehren und Lernen kann dabei als Prozess (Wie wird gelehrt und gelernt?) oder als Produkt (Was wurde gelehrt und gelernt?) untersucht werden.

Wichtige Gebiete der Lehrforschung sind die Analyse der Curriculumplanung (Lehrziele, Sequentierung von Inhalten, Zuordnung von Methoden), der Schulbücher, Arbeitsblätter, Lernsoftware, der Unterrichtsplanung von Lehrerinnen und Lehrern, der Artikulation des Unterrichts, der entwickelten Lehrwege, der gewählten Arrangements für eigenständige Lernwege der Schüler (Projekte).

Wichtige Gebiete der Lernforschung sind Motivation und Interesse der Schülerinnen und Schüler (vgl. Krapp 1994), Lernwege der Schüler, Lernstrategien (Lompscher 1994), fachbezogene Schülerleistungen, Selbstregulation und Selbstbewertung und Schulleistungen der Schülerinnen und Schüler.

Im Rahmen der empirischen Unterrichtsforschung wurden in jüngster Zeit Beiträge zur Unterrichtstheorie entfaltet, z.B. im Rahmen von Unterrichtsevaluationsstudien oder Studien zur Qualität von Unterricht (vgl. Helmke 2003, 111ff.).

Lehrerinnen und Lehrer sollten durch ihr Studium befähigt werden, entsprechende Studien fachkundig zu lesen und zu verstehen, ihre Reichweite zu beurteilen und ihre Ergebnisse vor allem in didaktische und methodische Überlegungen übersetzen zu können.

Die Ergebnisse verschiedener empirischer Studien sind unter der Perspektive der Weiterentwicklung der Allgemeinen Didaktik auszuwerten. Für die Allgemeine Didaktik und die Fachdidaktiken steht es an, das Gespräch mit der Unterrichtsforschung zu suchen, leistet sie doch einen Beitrag zur präziseren Fassung der Begriffe, zu einem empirisch unterfütterten und nicht nur ethisch-normativ angelegten Diskurs und zur Erfassung der Effekte des Handelns in Schule und Unterricht.

Unterrichtsanalyse als Teil von Unterrichtsforschung

Die vorgestellten Überlegungen zeigen, dass Lehrkräfte lernen müssen, eine analytische Einstellung gegenüber ihrem Unterricht einzunehmen. Die Unterrichtsanalyse kann sowohl Bestandteil empirischer Unterrichtsforschung als auch Bestandteil von Lehrerausbildung und Lehrerfort- und -weiterbildung sein. *Gerd Bachmair* stellte schon in den 70er-Jahren ein Modell der Unterrichtsanalyse vor, das auf genauer Beobachtung des Unterrichts und dessen Interpretation basierte. Er verdeutlichte, dass Beobachtung nach Regeln zu erfolgen habe und schlug vor, in folgenden Schritten vorzugehen:

»1. *Selbstreflexion,*
2. *Hinweise zur Problemformulierung,*
3. *Kategorienbildung und Beobachtungstechniken,*
4. *Datenerhebung und Prüfung als Beobachtungsverfahren,*
5. *Verfahren der quantitativen Auswertung,*
6. *Konsequenzen der Unterrichtsbeobachtung.*«
(Bachmair 1974, 31)

Der Wissenschaftler stellt die Notwendigkeit der Reflexion der eigenen Lerngeschichte, der eigenen Vorstellungen vom sinnvollen Lehrverhalten, die Überprüfung des eigenen Standortes und eigener psychischer Abwehrmechanismen heraus (*Selbstreflexion*). Bei der *Problemformulierung* zeigte er zwei Wege, den der theoretischen Klärung des Problemfeldes unter Formulierung von Hypothesen und den der ungeplanten und unstrukturierten Beobachtung mit dem Ziel, einen ersten Überblick über bedeutungsvolle Ereignisse zu gewinnen. Bezogen auf die *Beobachtungstechniken* nannte der Wissenschaftler die Möglichkeit, einzelne Unterrichtsereignisse und Ketten von Unterrichtsereignissen, auch in ihrer zeitlich-linearen Verteilung und unter Kontrolle des Wechsels der Beobachtungsfoci zu protokollieren. Gerd Bachmair diskutierte Verfahren der Datenerhebung und der Prüfung der Beobachtungsverfahren. Bei der quantitativen Auswertung ging er auf die Festlegung des Ereignisraumes, die Feststellung von Häufigkeitsverteilungen, die Auswertung von Abfolgen ein. Er diskutierte, welche Konsequenzen in Richtung auf die Optimierung des Lehrerhandelns aus der Unterrichtsbeobachtung gewonnen werden könnten.

Unterrichtsbeobachtung kann sich nach Bachmairs Auffassung auf verschiedene Phänomene richten, u.a. den Lehrstil, das Interaktionsgeschehen, die Interaktionsdichte zwischen Personen resp. die Kontaktdichte des Lehrers zu einzelnen Schülerinnen oder Schülern, hauptsächliche Interaktionsmuster und die Beteiligung von Lehrkräften resp. Schülerinnen und Schülern an diesen. Auch die Inhalte des Unterrichts sind beobachtbar und festhaltbar, z.B. durch Verfassen von Basaltexten, Analyse der Reihenfolge von Lernschritten, Beobachtung der Informationsdichte. Weitere Themen können die Lehrersprache, das Frageverhalten, die Körpersprache, die Wahl von Medien sein. Gerd Bachmair hob hervor, dass auch die Lern- und Denkprozesse der Schülerinnen und Schüler beobachtet werden könnten. Dazu könne protokolliert werden, welche Lernprozesse im Unterricht auftauchen (z.B. Klassifizieren, Identifizieren, Begriffsbildung, Regellernen, Problemlösen) und welche kognitiven Operationen besonders trainiert werden. Darüber hinaus könnten die Steuerungsmaßnahmen und die Maßnahmen zur Überprüfung des Lernfortschritts der Schülerinnen und Schüler festgehalten werden. Diese kurzen Hinweise zeigen, dass die Qualität der Schul- und Unterrichtsforschung von der vorhandenen Theorie des Unterrichts und der Schule abhängig sind.

Konzepte der Aktions- und Teamforschung

In jüngster Zeit werden Ansätze einer Aktionsforschung für Lehrer (Altrichter/Posch 1990) an verschiedenen Universitäten in der Bundesrepublik, Österreich und der Schweiz aufgegriffen. Während Herbert Altrichter und Peter Posch Lehrerinnen und Lehrer anleiten wollen, ihren eigenen Unterricht kritisch zu untersuchen und Probleme zu bearbeiten, wird in neuen Kontexten von Wissenschaftlerinnen und Wissenschaftlern und Studierenden (in Hamburg), von Lehrerinnen und Lehrern und Studierenden (in Oldenburg) oder von Lehrerinnen und Lehrern, Studierenden und Schülerinnen und Schülern (in Ostfriesland) die Praxis untersucht und als »Forschung« (Aktionsforschung, Handlungsforschung, Teamforschung) tituliert. Zugleich wird sie als besondere Form des Lernens (»forschendes Lernen«) im Rahmen des Lehrerstudiums und der phasenübergreifenden Lehrerausbildung (Studium, Referendariat, Berufseinstiegsphase) verstanden und als Bestandteil von Professionalisierung im Beruf (verbunden mit Beratung und Supervision) und von Weiterbildung ausgewiesen. Sie wird unterschiedlich institutionalisiert, in Schulpraktika oder in eigenen Seminaren (vgl. Feindt 2000, 94).

Die gewählten »Forschungsmethoden« stellen eine bunte Mischung dar, sie umfassen teilnehmende Beobachtung von Unterricht, narrative Interviews, Dokumentenanalyse, Fallstudien, Schulbegleitforschung etc. Die forschende Aufmerksamkeit richtet sich auf Fragen des Unterrichts, der Schulentwicklung, der Mitbestimmung der Schülerinnen und Schüler oder einzelner Schüler(gruppen) und deren Verhalten und auf die Herausbildung von Professionalität. Die Forschung basiert – auch wenn der Focus auf Unterricht und Schule liegt – selten auf einer ausgewiesenen Theorie von Unterricht und Schule; es werden sozialwissenschaftliche oder ethnografische Ansätze (Dick 2003) favorisiert.

Die Aktions-, Handlungs- oder Teamforschung ist dabei mit weit reichenden Versprechen verknüpft; sie soll zur Verbesserung des eigenen Handelns, zur Reflexion der eigenen Funktion, zur Zusammenarbeit mit Kolleginnen und Kollegen in der eigenen Schule führen (Peters 2000), Praxisprobleme bewältigen helfen, Entwicklungsprojekte in der Schule durch wissenschaftliche Begleitung optimieren (Obolenski/Meyer 2003, 9), das Studium verbessern (Huber 2003), eigene Forschungsprojekte fundieren (Obolenski/Meyer 2003, 9), ein Vorführen des Forschungsvorganges ermöglichen (Huber 2003, 30) und Begegnung und Kommunikation zwischen Wissenschaft und Praxis befördern (Feindt 2000). Zugleich wird sie als ein eigener »Typus wissenschaftlicher Erkenntnisgewinnung« (Obolenski/Meyer 2003, 8) verstanden.

Uns erscheinen diese Ansätze als Teil von Lehrerausbildung interessant; sie können jedoch nicht als Forschung, sondern nur als Form der Ausbildung einer forschenden Einstellung, bestenfalls eines forschenden Habitus verstanden werden (vgl. Kiper 2000). Unseres Erachtens liegen die Probleme vor allem darin, dass die Lehrkräfte nicht ausgehend von einem umfassenden Unterrichtsverständnis den Focus wählen, sondern relativ beliebig an jeweils interessant erscheinenden Punkten ansetzen.

- Studierende und Lehrkräfte stehen in der Gefahr, willkürlich mit bestimmten Forschungsmethoden zu experimentieren, in die sie nicht systematisch einführt wurden. Forschung erscheint als formales Raster (vgl. Fichten/Gebken/Obolenski 2003, 18); es wird nicht deutlich, welche Theorien, Modelle und Konzeptionen herangezogen werden müssen, um systematische Untersuchungen führen zu können.

- Was Forschung im Kern ausmacht, wird systematisch verfehlt; es bilden sich naive Vorstellungen über die eigenen Studienarbeiten und ihre Relevanz aus. Dabei werden Lernen, Reflektieren, Forschen, Handeln und biografische Aufklärung kaum präzise unterschieden.
- Das, was dringend gelernt werden müsste, nämlich Ergebnisse empirischer Forschung über Schule und Unterricht in Form von Forschungsberichten zu lesen und kritisch prüfen zu können, wird verfehlt.
- Es gelingt kaum, ein umfassendes Verständnis der Aufgaben im Lehrerberuf zu erarbeiten; die Unterschiede zwischen den spezifischen Anforderungen an Lehrerhandeln und die an Forscherinnen und Forscher werden nicht deutlich.

Damit fallen diese Ansätze hinter eine empirische Unterrichtsforschung zurück, die systematisch die Beobachtung und Analyse von Unterricht und die Interpretation des Unterrichtsgeschehens unter übergeordneten Kategorien als wichtig betonte (vgl. Vorsmann 1972, Bachmair 1974). Trotz dieser Kritik (vgl. Kiper 2000) scheint uns der Gedanke der Herausbildung von Professionalität durch Beförderung eines forschenden Habitus und durch Kooperation – über alle Phasen der Lehrerausbildung hinweg – in der Berufsgruppe für sinnvoll. Unseres Erachtens müssen in die Systeme Unterricht und Schule Lernmöglichkeiten eingefädelt werden, die es ermöglichen, die Erfahrungen der Lehrkräfte aufzugreifen, auszuwerten und – unter systemischer Perspektive – aus ihnen zu lernen.

Experimentelle Forschung und Schulpraxis

In der Studie von Tina Gürtler, Franziska Perels, Bernhard Schmitz und Regina Bruder (2002) wurden verschiedene Varianten von Trainings zur Förderung selbstregulativer Fähigkeiten in Kombination mit Problemlösen in Mathematik realisiert und evaluiert. Es wurden aus 249 Schülerinnen und Schülern der Klassen 8 von drei hessischen Gymnasien Gruppen gebildet, die für sechs Wochen Dauer mit jeweils 2 Doppelstunden pro Woche entweder ein oder kein Training im mathematischen Problemlösen bekamen, die dabei ein Selbstregulationstraining erhielten oder nicht und dies in Kombination mit Formen des Selbst-Monitoring durchführten bzw. nicht. Ein derartiger Versuchsaufbau wird als dreifaktorieller Versuchsplan bezeichnet; er erlaubt die Prüfung, ob jeder der genannten Faktoren eine spezifische Wirkung hat, und er erfasst das Ausmaß der Wechselwirkungen mit den jeweils anderen beiden Faktoren. Die Effekte werden mittels Fragebogen zur Selbstregulationskompetenz und Tests zur Problemlösung und durch ein Lerntagebuch erfasst.

Die Studie konnte nachweisen, dass es möglich ist, sowohl Selbstregulationsfähigkeit als auch Problemlösefähigkeit durch ein Training zu steigern. Die Kombination von Interventionen ist wirksamer als es die Komponenten alleine sind.

Die Steigerung der Selbstregulationsfähigkeit ist dann besonders hoch, wenn sie mit dem fachspezifischen Problemlösetraining kombiniert wird (vgl. Gürtler/Perels/Schmitz/Bruder 2002). Die Studie zeigte exemplarisch auf, dass Interventionsmaßnahmen entwickelt werden können, die sich in einer schulischen Situation als wirksam erweisen. Da es sich um relevante Kompetenzen handelt, die Schule sowieso vermitteln sollte, wäre zu prüfen, ob die Übernahme der vorgestellten Verfahren in den schulischen Alltag zu ähnlichen Steigerungen führt.

Vergleicht man diese Studie mit dem Ansatz einer Aktionsforschung für Lehrer, zeigt sich, dass die experimentelle Prüfung der Interaktionseffekte für forschende Lehrer so nicht möglich wäre; die Bedeutung der Kombination von Maßnahmen bliebe unerkannt.

Literaturverzeichnis

Achtenhagen, Frank: Theorie der Fachdidaktik. In: Twellmann, Walter (Hrsg.): Handbuch Schule und Unterricht. Band 5.1. Schwann, Düsseldorf 1981, S. 275–294.

Adl-Amini, Bijan: Systematik der Unterrichtsmethode. In: Adl-Amini, Bijan/Schulze, Theodor/Terhart, Ewald (Hrsg.): Unterrichtmethode in Theorie und Forschung. Bilanz und Perspektiven. Beltz, Weinheim und Basel 1993, S. 82– 110.

Adl-Amini, Bijan: Medien und Methoden des Unterrichts. Auer, Donauwörth 1994.

Adl-Amini, Bijan/Oelkers, Jürgen/Neumann, Dieter (Hrsg.): Pädagogische Theorie und erzieherische Praxis. Grundlegung und Auswirkungen von Herbarts Theorie der Pädagogik und Didaktik. Uni-Taschenbücher, Bern und Stuttgart 1979.

Adl-Amini, Bijan/Schulze, Theodor/Terhart, Ewald (Hrsg.): Unterrichtsmethode in Theorie und Forschung. Bilanz und Perspektiven. Beltz, Weinheim und Basel 1993.

Aebli, Hans: Zwölf Grundformen des Lehrens. Klett-Cotta, Stuttgart [11]2001.

Altrichter, Herbert/Posch, Peter: Lehrer erforschen ihren Unterricht. Eine Einführung in die Methoden der Aktionsforschung. Klinkhardt, Bad Heilbrunn 1990.

Apel, Hans Jürgen: Herausforderung Schulklasse. Klinkhardt, Bad Heilbrunn 2002.

Appleton, Ken: Using Theory to Guide Practice: Teaching Science From a Constructivist Perspective. School Science and Mathematics 93, S. 269–274.

Artelt, Cordula/Demmrich, Anke/Baumert, Jürgen: Selbstreguliertes Lernen. In: Deutsches PISA-Konsortium (Hrsg.): PISA 2000. Basiskompetenzen von Schülerinnen und Schülern im internationalen Vergleich. Leske + Budrich, Opladen 2001, S. 271–298.

Ausubel, David: Psychologie des Unterrichts. Band 1 und 2. Beltz, Weinheim und Basel 1974 (1. amerikanische Auflage 1968).

Bachmair, Gerd: Unterrichtsanalyse. Beltz, Weinheim und Basel 1974.

Bauer, Karl-Oswald: Kompetenzprofil: LehrerIn. In: Otto, Hans-Uwe/Rauschenbach, Thomas/Vogel, Peter (Hrsg.): Erziehungswissenschaft: Professionalität und Kompetenz. Leske + Budrich, Opladen 2002, S. 49–63.

Bauer, Karl-Oswald/Kopka, Andreas/Brindt, Stefan: Pädagogische Professionalität und Lehrerarbeit. Eine qualitativ empirische Studie über professionelles Handeln und Bewusstsein. Juventa, Weinheim und Munchen 1999.

Baumgartner, Dirk/Ringena, Hilke/Schröder, Ulrike/Vogt, Dorothea: Handlungsforschung mit SchülerInnen? In: Feindt, Andreas/Meyer, Hilbert (Hrsg.): Professionalisierung und Forschung. Didaktisches Zentrum, Oldenburg 2000, S. 115–143.

Baumert, Jürgen/Köller, Olaf/Lehrke, Manfred/Brockmann, Jens: Anlage und Durchführung der Dritten Internationalen Mathematik- und Naturwissenschaftsstudie zur Sekundarstufe II (TIMSS/III) – Technische Grundlagen. In: Baumert, Jürgen/Bos, W./Lehmann, R. (Hrsg.): TIMSS/III. Dritte Internationale Mathematik- und Naturwissenschaftsstudie – Mathematische und naturwissenschaftliche Bildung am Ende der Schullaufbahn. Leske + Budrich, Opladen 2000, S. 31–84.

Becker, Georg W.: Durchführung von Unterricht. Handlungsorientierte Didaktik. Teil II. Beltz, Weinheim und Basel 1984.

Becker, Georg W.: Unterricht auswerten und beurteilen. Beltz, Weinheim und Basel [7]2002.

Beckmann, Hans-Karl: Geisteswissenschaftliche Methoden. In: Roth, Leo (Hrsg.): Methoden erziehungswissenschaftlicher Forschung. Kohlhammer, Stuttgart/Berlin/Köln/Mainz 1978, S. 43–64.

Benikowski, Bernd: Unterrichtsstörungen und Kommunikative Didaktik. Schneider Hohengehren, Baltmannsweiler 1995.

Bernfeld, Siegfried: Sisyphos oder die Grenzen der Erziehung. Suhrkamp, Frankfurt/M. 1990.

Bichsel, Peter: Kindergeschichten. Suhrkamp, Frankfurt/M. 2001 (1. deutsche Auflage, Luchterhand 1969).

Bönsch, Manfred: Grundlegung sozialer Lernprozesse heute. Beltz, Weinheim und Basel 1994.

Bönsch, Manfred: Das Methodenrepertoire ausschöpfen. In: Haarmann, Dieter (Hrsg.): Handbuch Elementare Schulpädagogik. Beltz, Weinheim und Basel 1997, S. 131–164.

Böttcher, Wolfgang/Kalb, Peter E. (Hrsg.): Kerncurriculum. Was Kinder in der Grundschule lernen sollen. Beltz, Weinheim und Basel 2002.

Bos, Wilfried/Lankes, Eva-Maria/Prenzel, Manfred/Schwippert, Knut/Walther, Gerd/Valtin, Renate (Hrsg.): Erste Ergebnisse aus IGLU. Schülerleistungen am Ende der vierten Jahrgangsstufe im internationalen Vergleich. Waxmann, Münster/New York/München/Berlin 2003.

Brezinka, Wolfgang: Von der Pädagogik zur Erziehungswissenschaft. Beltz, Weinheim und Basel 1992 (1. Auflage 1971).

Bromme, Rainer/Hömberg, Eckard: Einführende Bemerkungen zum Problem der Anwendung psychologischen Wissens (Technologieproblem). Institut für Didaktik der Mathematik der Universität Bielefeld, Bielefeld 1976.

Combe, Arno/Helsper, Werner: Einleitung: Pädagogische Professionalität. In: dies. (Hrsg.): Pädagogische Professionalität. Suhrkamp, Frankfurt/M. 1996, S. 9–48.

Comenius, Johann Amos: Große Didaktik. Herausgegeben von Andreas Flitner. Klett-Cotta, Stuttgart [6]1985.

Deutsches PISA-Konsortium (Hrsg.): PISA 2000. Basiskompetenzen von Schülerinnen und Schülern im internationalen Vergleich. Leske + Budrich, Opladen 2001.

Danner, Liselotte: Gruppenberatung für Lehrer und Lehrerinnen. Klinkhardt, Bad Heilbrunn 2000.

Dichanz, Horst/Kolb, Günter: Mediendidaktik-Entwicklung und Tendenzen. In: Dichanz, Horst/Eubel, Klaus-Dieter/Heidt, Erhard U. (Hrsg.): Medien im Unterrichtsprozess. Juventa, München 1974, S. 16–41.

Dick, Andreas: Praxisforschung als Bindeglied zwischen Wissen und Können. In: Obolenski, Alexandra/Meyer, Hilbert (Hrsg.): Forschendes Lernen. Klinkhardt, Bad Heilbrunn 2003, S. 37–54.

Ditton, Hartmut: Qualitätskontrolle und Qualitätssicherung in Schule und Unterricht. Ein Überblick zum Stand der empirischen Forschung. In: Zeitschrift für Pädagogik, 41. Beiheft Beltz, Weinheim und Basel 2000, S. 73–92.

Dolch, Josef: Lehrplan des Abendlandes. Zweieinhalb Jahrtausende seiner Geschichte. Ratingen [2]1965.

Dörpfeld, Friedrich Wilhelm: Schriften zur Theorie des Lehrplans. Herausgegeben von Albert Reble. Klinkhardt, Bad Heilbrunn 1962.

Driver, Roasalind: Changing conceptions. In: Adey, Philip (Hrsg.): Adolescent development and school science. Falmer Press, London 1989, S. 79–99.

Edelstein, Wolfgang/Schäfer, Walter: Unterrichtsziele im Sprachunterricht in der differenzierten Gesamtschule. In: Deutscher Bildungsrat: Gutachten und Studien der Bildungskommission 12. Lernziele der Gesamtschule. Klett, Stuttgart 1971, S. 47–54.

Duncker, Karl: Zur Psychologie des produktiven Denkens. Springer, Berlin/Göttingen/Heidelberg 1963 (1. Auflage 1935).

Edelmann, Walter: Lernpsychologie. Beltz/PVU, Weinheim und Basel 1996.

Feindt, Andreas: Team-Forschung – Ein phasenübergreifender Beitrag zur Professionalisierung in der LehrerInnenbildung. In: Feindt, Andreas/Meyer, Hilbert (Hrsg.): Professionalisierung und Forschung. Didaktisches Zentrum, Oldenburg 2000, S. 89–113.

Fend, Helmut: Theorie der Schule. Urban & Schwarzenberg, München/Wien/Baltimore 1980.

Fichten, Wolfgang/Gebken, Ulf/Obolenski, Alexandra: Konzeption und Praxis der Oldenburger Teamforschung. In: Obolenski, Alexandra/Meyer, Hilbert (Hrsg.): Forschendes Lernen. Klinkhardt, Bad Heilbrunn 2003, S. 131–149.

Fisseni, Hermann-Josef: Lehrbuch der psychologischen Diagnostik. Hogrefe, Göttingen/Bern/Toronto/Seattle 1997.

Förster, Fr.: Zur Einführung in die »Vorlesungen über Allgemeine Pädagogik. In: Ziller, Tuiskon: Vorlesungen über Allgemeine Pädagogik. Im Auszuge, mit Einleitung und Anmerkungen von Direktor Fr. Förster, Leipzig und Berlin o.J., S. V–XVII.

Foppa, Klaus: Lernen, Gedächtnis, Verhalten. Ergebnisse und Probleme der Lernpsychologie. Kiepenheuer & Witsch, Köln und Berlin 1965.

Frank, Wolfgang/Lommer, Gabriele/Lorenz, Margret/Schmid, Helmut/Startz, Silvia/Utz, Bernhard: Bausteine Heimat- und Sachunterricht 4. Diesterweg, Frankfurt/M. 2003.

Frick, Otto: Didaktischer Katechismus, betreffend den psychischen Lern- und Lehrprozess in dem erziehenden Unterricht und die Kunst des erziehenden Unterrichts. In: Lehrproben und Lehrgänge aus der Praxis der Gymnasien und Realschulen VII. Jg. (1892) Heft 28, S. 1–15, zitiert nach Adl-Amini, Bijan/Oelkers, Jürgen/Neumann, Dieter (Hrsg.): Pädagogische Theorie und erzieherische Praxis. Kohlhammer, Bern und Stuttgart 1979, S. 204–215.

Gagné, Robert M.: Die Bedingungen menschlichen Lernens. Schroedel, Hannover/Berlin/Darmstadt/Dortmund 1969 (1. amerikanische Ausgabe 1965).

Geißler, Georg: Das Problem der Unterrichtsmethode in der pädagogischen Bewegung. Beltz, Weinheim und Berlin 1952.

Giesecke, Hermann: Unterrichtsziele im Sozialkundeunterricht in der differenzierten Gesamtschule. In: Deutscher Bildungsrat: Gutachten und Studien der Bildungskommission 12. Lernziele der Gesamtschule. Klett, Stuttgart 1971, S. 55–59.

Giesecke, Hermann: Fächer, Stoffe, Bildung. In: Böttcher, Wolfgang/Kalb, Peter E. (Hrsg.): Kerncurriculum. Was Kinder in der Grundschule lernen sollen. Beltz, Weinheim und Basel 2002, S. 64–81.

Gläser, Eva: Arbeitslosigkeit aus der Perspektive von Kindern. Klinkhardt, Bad Heilbrunn 2002.

Glöckel, Hans: Vom Unterricht. Klinkhardt, Bad Heibrunn [4]2003.

Gropengießer, Harald: Didaktische Rekonstruktion des Sehens. Wissenschaftliche Theorien und die Sicht der Schüler in der Perspektive der Vermittlung. Didaktisches Zentrum, Oldenburg 2001.

Gürtler, Tina/Perels, Franziska/Schmitz, Bernhard/Bruder, Regina: Training zur Förderung selbstregulativer Fähigkeiten in Kombination mit Problemlösen in Mathematik. In: Zeitschrift für Pädagogik, 45. Beiheft 2002, S. 222–239.

Hacker, Winfried: Expertenkönnen. Erkennen und Vermitteln. Verlag für Angewandte Psychologie, Göttingen 1992.

Hage, Klaus/Bischoff, Heinz/Dichanz, Horst/Eubel, Klaus-D./Oehlschläger, Heinz-Jörg/Schwittmann, Dieter: Das Methoden-Repertoire von Lehrern. Eine Untersuchung zum Schulalltag der Sekundarstufe I. Leske + Budrich, Opladen 1985.

Hassenstein, Bernhard/Beckmann, Ulrich: Unterrichtsziele im naturwissenschaftlichen Unterricht in der integrierten Gesamtschule. In: Deutscher Bildungsrat: Gutachten und Studien der Bildungskommission 12. Lernziele der Gesamtschule. Klett, Stuttgart 1971, S. 71–79.

Heidenreich, W.-D./Heymann, H.W.: Lehr-Lern-Forschung. In: Zeitschrift für Pädagogik 22 (1976), S. 225–251.

Hartfield, Günther: Wörterbuch der Soziologie. Stuttgart [2]1976.

Heimann, Paul: Didaktik 1965. In: Heimann, Paul/Otto, Gunter/Schulz, Wolfgang (Hrsg.): Unterricht. Analyse und Planung. Schroedel, Hannover [3]1968, S. 7–12.

Helmke, Andreas: Selbstvertrauen und schulische Leistungen. Hogrefe, Göttingen 1992.

Helmke, Andreas: Unterrichtsqualität erfassen, bewerten, verbessern. Kallmeyersche Verlagsbuchhandlung, Seelze 2003.

Helmke, Andreas/Jäger, Reinhold S. (Hrsg.): Das Projekt Markus. Mathematik-Gesamterhebung Rheinland-Pfalz: Kompetenzen, Unterrichtsmerkmale, Schulkontext. Verlag Empirische Pädagogik, Landau 2002.

Herbart, Johann Friedrich: Allgemeine Pädagogik, aus dem Zweck der Erziehung abgeleitet (1806). Herausgegeben von Hermann Holstein. Ferdinand Kamp, Bochum [6]1983.

Hericks, Uwe: Allgemeine Didaktik und Physikdidaktik aus der Sicht der Bildungsgangforschung. In: Meyer, Meinert A./Plöger, Wilfried (Hrsg.): Allgemeine Didaktik, Fachdidaktik und Fachunterricht. Beltz, Weinheim und Basel 1994, S. 219–231.

Hericks, Uwe: Der Ansatz der Bildungsgangforschung und seine didaktischen Konsequenzen – Darlegungen zum Stand der Forschung. In: Meyer, Meinert A./Reinartz, Andrea (Hrsg.): Bildungsgangdidaktik. Leske + Budrich, Opladen 1998, S. 173–188.

Holland, James G../Skinner, B.F.: The Analysis of Behavior. McGraw-Hill, New York/Toronto/London 1961.

Homans, George C.: Was ist Sozialwissenschaft? Westdeutscher Verlag, Köln und Opladen 1969.

Huber, Ludwig: Forschendes Lernen in Deutschen Hochschulen. Zum Stand der Diskussion. In: Obolenski, Alexandra/Meyer, Hilbert (Hrsg.): Forschendes Lernen. Klinkhardt, Bad Heilbrunn 2003, S. 15–36.

Just, Karl: Die Theorie der Formalstufen. In: Rein, Wilhelm (Hrsg.): Encyklopädisches Handbuch der Pädagogik. Band 2. (2. Auflage) Langensalza 1904, S. 876–882, zitiert nach Adl-Amini, Bijan/Oelkers, Jürgen/Neumann, Dieter (Hrsg.): Pädagogische Theorie und erzieherische Praxis. Kohlhammer, Bern und Stuttgart 1979, S. 192–203.

Kant, Immanuel: Über Pädagogik. Herausgegeben von Hermann Holstein. Ferdinand Kamp, Bochum [5]1984.

Kaiser, Franz-Josef/Brettschneider, Volker: Fallstudie. In: Wiechmann, Jürgen (Hrsg.): Zwölf Unterrichtsmethoden. Beltz, Weinheim und Basel 1999, S. 130–142.

Kattmann, Ulrich: Pädagogik fachlichen Lernens – Fachdidaktiken gehören ins Zentrum der Lehrerbildung. In: Moschner, Barbara/Kiper, Hanna/Kattmann, Ulrich (Hrsg.): Perspektiven für Lehren und Lernen. PISA 2000 als Herausforderung. Schneider Hohengehren, Baltmannsweiler 2003, S. 307–318.

Keck, Rudolf W.: Zielorientierte Unterrichtsplanung. Kamp, Bochum 1975.

Kiper, Hanna (Hrsg.): Allgemeinbildung. Beiträge der Schulpädagogik und der Fachdidaktik. Braunschweig: Braunschweiger Arbeiten zur Schulpädagogik, herausgegeben von Prof. Dr. Dieter Hoof. Braunschweig 1995.

Kiper, Hanna: »und sie waren glücklich«. Alltagstheorien und Deutungsmuster türkischer Kinder als Grundlage einer Analyse didaktischer Materialien und Konzeptionen am Beispiel des Faches Sachunterricht. EB Rissen, Hamburg 1987.

Kiper, Hanna: Selbst- und Mitbestimmung in der Schule. Das Beispiel Klassenrat. Schneider Hohengehren, Baltmannsweiler 1997.

Kiper, Hanna: Die ersten Wochen in der Schule. In: Kiper, Hanna/Nauck, Joachim (Hrsg.): Unterrichten im ersten Schuljahr. Schneider Hohengehren, Baltmannsweiler 1999, S. 24–48.

Kiper, Hanna: LehrerInnen dokumentieren und reflektieren ihre Praxis. Zur Entwicklung einer forschenden Einstellung als Bestandteil von Professionalisierung. In: Feindt, Andreas/Meyer, Hilbert (Hrsg.): Professionalisierung und Forschung. Didaktisches Zentrum, Oldenburg 2000, S. 45–75.

Kiper, Hanna: Einführung in die Schulpädagogik. Beltz, Weinheim und Basel 2001.

Kiper, Hanna: Umgang mit Heterogenität. In: Kiper, Hanna/Meyer, Hilbert/Topsch, Wilhelm: Einführung in die Schulpädagogik. Cornelsen, Scriptor, Berlin 2002, S. 157–169.

Kiper, Hanna: Literacy versus Curriculum. In: Moschner, Barbara/Kiper, Hanna/Kattmann, Ulrich (Hrsg.): PISA 2000 als Herausforderung. Perspektiven für Lehren und Lernen. Schneider Hohengehren, Baltmannsweiler 2003a, S. 65–86.

Kiper, Hanna: Modul 1. Was sollen Schülerinnen und Schüler lernen? Zur Angabe von gestuften Kompetenzen. In: Kiper, Hanna/Meyer, Hilbert/Mischke, Wolfgang/Wester, Franz: Qualitätsentwicklung in Unterricht und Schule. Das Oldenburger Konzept. Didaktisches Zentrum, Oldenburg 2003b, S. 25–67.

Klafki, Wolfgang: Didaktische Analyse als Kern der Unterrichtsvorbereitung. (1958) In: Didaktische Analyse. Auswahl. Grundlegende Aufsätze aus der Zeitschrift die Deutsche Schule. Hrsg. von Heinrich Roth und Alfred Blumenthal. Hannover/Berlin/Darmstadt/Dortmund [10]1969, S. 5–34.

Klafki, Wolfgang: Ideologiekritik. In: Roth, Leo (Hrsg.): Methoden erziehungswissenschaftlicher Forschung. Kohlhammer, Stuttgart/Berlin/Köln/Mainz 1978, S. 146–167.

Klafki, Wolfgang: Die bildungstheoretische Didaktik im Rahmen kritisch-konstruktiver Erziehungswissenschaft. Oder: Zur Neufassung der Didaktischen Analyse. In: Gudjons, Herbert/Teske, Rita/Winkel, Rainer (Hrsg.): Didaktische Theorien. Bergmann + Helbig, Hamburg [4]1987, S. 10–27.

Klafki, Wolfgang: Neue Studien zur Bildungstheorie und Didaktik. Beltz, Weinheim und Basel 1985.

Klafki, Wolfgang: Zum Verhältnis von Allgemeiner Didaktik und Fachdidaktik – Fünf Thesen. In: Meyer, Meinert A./Plöger, Wilfried (Hrsg.): Allgemeine Didaktik, Fachdidaktik und Fachunterricht. Beltz, Weinheim und Basel 1994, S. 42–64.

Klafki, Wolfgang: Schlüsselprobleme und fachbezogener Unterricht. In: Münzinger, Wolfgang/Klafki, Wolfgang (Hrsg.): Schlüsselprobleme im Unterricht. Thematische Dimensionen einer zukunftsorientierten Allgemeinbildung. Die Deutsche Schule. 3. Beiheft. Juventa, Weinheim 1995, S. 32–46.

Klieme, Eckhard/Avenarius, Hermann/Blum, Werner/Döbrich, Peter/Gruber, Hans/Prenzel, Manfred/Reiss, Kristina/Riquarts, Kurt/Rost, Jürgen/Tenorth, Heinz-Elmar/Vollmer, Helmut: Zur Entwicklung nationaler Bildungsstandards. Eine Expertise. Berlin 18.2.2003.

Klingberg, Lothar: Fach, Fachdidaktik und Allgemeine Didaktik. In: Meyer, Meinert A./Plöger, Wilfried (Hrsg.): Allgemeine Didaktik, Fachdidaktik und Fachunterricht. Beltz, Weinheim und Basel 1994, S. 65–84.

Klippert, Heinz: Methodentraining. Übungsbausteine für den Unterricht. Beltz, Weinheim und Basel 1994.

Köhler, Wolfgang: Intelligenzprüfungen an Anthropoiden. Berlin 1917 (Neudruck Berlin 1963).

Kösel, Edmund/Scherer, Helios: Konstruktionen über Wissenserwerb und Lernwege bei Lernenden. In: Voß, Reinhard (Hrsg.): Die Schule neu erfinden. Luchterhand, Neuwied/Kriftel/Berlin 1996, S. 105–128.

Kösel, Edmund: Die Modellierung von Lernwelten. Ein Handbuch zur Subjektiven Didaktik. Laub, Elztal-Dallau 1993.

Krapp, Andreas: Die Bedeutung von Interesse und intrinsischer Motivation für den Erfolg und die Steuerung schulischen Lernens. In: Schnaitmann, Gerhard W. (Hrsg.): Theorie und Praxis der Unterrichtsforschung. Auer, Donauwörth 1996, S. 87–110.

Krapp, Andreas/Weidenmann, Bernd (Hrsg.): Pädagogische Psychologie. Ein Lehrbuch. Beltz/PVU, Weinheim [4]2001.

Krappmann, Lothar/Oswald, Hans: Alltag der Schulkinder. Juventa, Weinheim und München 1995.

Kron, Friedrich W.: Grundwissen Didaktik. Reinhardt, München und Basel [2]1994.

Lave, Jean/Wenger, Etienne: Situated learning. Legitimate peripheral participation. Cambridge University Press, Cambridge/New York/Melbourne 1991.
Lompscher. Joachim: Lernstrategien: Relevanz, Zugänge, Ergebnisse: In: Schnaitmann, Gerhard W. (Hrsg.): Theorie und Praxis der Unterrichtsforschung. Auer, Donauwörth 1996, S. 111–129.
Martial, Ingbert von: Einführung in didaktische Modelle. Schneider Verlag Hohengehren, Baltmannsweiler 1996.
Merkens, Hans: Integration qualitativer und quantitativer Methoden in der Lehr- und Lernforschung. In: Finkbeiner, Claudia/Schnaitmann, Gerhard W. (Hrsg.): Lehren und Lernen im Kontext empirischer Forschung und Fachdidaktik. Auer, Donauwörth 2001, S. 79–105.
Meyer, John W./McEneaney, Elisabeth: Vergleichende und historische Reflexionen über das Curriculum: die sich wandelnde Bedeutung von Wissenschaft. In: Goodson, Ivor F./Hopmann, Stefan/Riquarts, Kurt (Hrsg.): Das Schulfach als Handlungsrahmen. Böhlau, Köln/Weimar/Wien 1999, S. 151–176.
Meyer, Hilbert: Unterricht analysieren, planen, auswerten. In: Kiper, Hanna/ Meyer, Hilbert/Topsch, Wilhelm: Einführung in die Schulpädagogik. Cornelsen Scriptor, Berlin 2002, S. 147–156.
Meyer, Meinert A./Plöger, Wilfried (Hrsg.): Allgemeine Didaktik, Fachdidaktik und Fachunterricht. Beltz, Weinheim und Basel 1994.
Meyer-Willner, Gerhard: Differenzieren und Individualisieren. Klinkhardt, Bad Heilbrunn 1979.
Ministerium für Kultus und Sport Baden-Württemberg: Bildungsplan für die Realschule. 21. Februar 1994. Lehrplanheft 3/1994. Neckar Verlag, Villingen-Schwenningen 1994.
Mischke, Wolfgang: Lernprozesse beim Erwerb sozialer Fertigkeiten. Oldenburg 1980.
Mischke, Wolfgang: Änderung des Lehrerverhaltens als selbstgesteuerte Erfahrungsbildung. In: Neber, Heinz/Wagner, Angelika/Einsiedler, Wolfgang (Hrsg.): Selbstgesteuertes Lernen. Beltz, Weinheim und Basel 1978, S. 109–125.
Mischke, Wolfgang: Zur Verzahnung theoretischer und praktischer Elemente in der LehrerInnenausbildung. In: Hinz, Renate/Kiper, Hanna/Mischke, Wolfgang (Hrsg.): Welche Zukunft hat die Lehrerbildung in Niedersachsen? Schneider Hohengehren, Baltmannsweiler 2002, S. 117–134.
Mischke, Wolfgang: Modul 3. Lehr- und Lernstrategien in heterogenen Gruppen. In: Kiper, Hanna/Meyer, Hilbert/Mischke, Wolfgang/Wester, Franz: Qualitätsentwicklung in Unterricht und Schule. Das Oldenburger Konzept. Didaktisches Zentrum, Oldenburg 2003, S. 131–170.
Mischke, Wolfgang: Modul 4. Fehleranalyse, Diagnostik und Förderplanung. In: Kiper, Hanna/Meyer, Hilbert/Mischke, Wolfgang/Wester, Franz: Qualitätsentwicklung in Unterricht und Schule. Das Oldenburger Konzept. Didaktisches Zentrum, Oldenburg 2003, S. 171–205.

Mischke, Wolfgang: Kinder unterstützen – Kinder erziehen. Trainingskonzepte für Eltern – Erzieher – Lehrkräfte. In: Grundschule 10/2003. Westermann, Braunschweig 2003, S. 43–46.

Moeller, Christine: Technik der Lehrplanung. Beltz, Weinheim und Basel 1969.

Möller, Christine: Die curriculare Didaktik. Oder: der lernzielorientierte Ansatz. In: Gudjons, Herbert/Teske, Rita/Winkel, Rainer (Hrsg.): Didaktische Theorien. Bergmann + Helbig, Hamburg 1986.

Montessori, Maria: Texte und Diskussion. Herausgegeben von Winfried Böhm. Klinkhardt, Bad Heilbrunn 1971.

Mühlhausen, Ulf: Überraschungen im Unterricht. Situative Unterrichtsplanung. Beltz, Weinheim und Basel 1994.

Müller, Walter: Lehrplantheorie und Lehrplanentwicklung. In: Apel, Hans Jürgen/Sacher, Werner (Hrsg.): Studienbuch Schulpädagogik. Klinkhardt, Bad Heilbrunn 2002, S. 86–132.

Münzinger, Wolfgang/Klafki, Wolfgang: Schlüsselprobleme im Unterricht. Thematische Dimensionen einer zukunftsorientierten Allgemeinbildung. Die Deutsche Schule. 3. Beiheft. Juventa, Weinheim 1995.

Niedersächsisches Kultusministerium: Rahmenrichtlinien für die Realschule. Deutsch. Schroedel, Hannover 1993.

Niedersächsisches Kultusministerium: Rahmenrichtlinien für das Gymnasium. Schuljahrgänge 7–10. Biologie. Schroedel, Hannover 1994.

Obolenski, Alexandra/Meyer, Hilbert: Einleitung. In: dies. (Hrsg.): Forschendes Lernen. Klinkhardt, Bad Heilbrunn 2003, S. 7–12.

Oelkers, Jürgen: Reformpädagogik. Eine kritische Dogmengeschichte. Juventa, Weinheim und München 1989.

Oerter, Rolf/Montada, Leo (Hrsg.): Entwicklungspsychologie. Beltz/PVU, Weinheim/Basel/Berlin 2002.

Oser, Fritz K./Baeriswyl, Franz J.: Choreographies of Teaching: Bringing Instruction to Learning. In: Richardson, Virginia (Hrsg.): Handbook of research on teaching. American Educational Research Association 2001, S. 1031–1065.

Palentien, Christian/Hurrelmann, Klaus (Hrsg.): Schülerdemokratie. Mitbestimmen in der Schule. Luchterhand, München/Neuwied 2003.

Pandel, Hans-Jürgen: Vom Nutzen und Nachteil der Allgemeinen Didaktik für die Geschichtsdidaktik – Zum wissenschaftstheoretischen Standort der Geschichtsdidaktik. In: Reinhardt, Sibylle/Weise, Elke (Hrsg.): Allgemeine Didaktik und Fachdidaktik. Deutscher Studien Verlag, Weinheim 1997, S. 13–36.

Parsons, Talcott: Die Schulklasse als soziales System (1959). In: Plake, Klaus (Hrsg.): Klassiker der Erziehungssoziologie. Schwann Düsseldorf 1987, S. 102–124.

Paschen, Harm: Pädagogiken. Zur Systematik pädagogischer Differenzen: Deutscher Studien Verlag, Weinheim 1997.

Pawlow, Iwan P.: Auseinandersetzung mit der Psychologie. Kindler, München 1973.

Peters, John: Professionalisieren und Lernen durch forschendes Handeln. In: Feindt, Andreas/Meyer, Hilbert (Hrsg.): Professionalisierung und Forschung. Didaktisches Zentrum, Oldenburg 2000, S. 13–27.

Peterßen, Wilhelm H.: Kleines Methoden-Lexikon. Oldenbourg, München 1999.

Piaget, Jean: Theorien und Methoden der modernen Erziehung. Molden, Wien/München/Zürich 1972 (1. französische Auflage 1964).

Plöger, Wilfried: Allgemeine Didaktik und Fachdidaktik. Fink, München 1999.

Popper, Karl R.: Logik der Forschung. Mohr, Tübingen 1971.

Ratke, Wolfgang: Kleine Pädagogische Schriften. Herausgegeben von Karl Seiler. Klinkhardt, Bad Heilbrunn 1967.

Reich, Kersten: Systemisch-konstruktivistische Didaktik. Eine allgemeine Zielbestimmung. In: Voß, Reinhard (Hrsg.): Die Schule neu erfinden. Luchterhand, Neuwied/Kriftel/Berlin 1996, S. 70–91.

Reich, Kersten: Systemisch-konstruktivistische Pädagogik. Luchterhand, Neuwied/Kriftel/Berlin ^{2}1997.

Rein, Wilhelm: Pädagogik im Grundriss. Leipzig ^{3}1900.

Reinhardt, Sibylle/Weise, Elke (Hrsg.): Allgemeine Didaktik und Fachdidaktik. Deutscher Studienverlag, Weinheim 1997.

Rheinberg, Falko/Bromme, Rainer/Minsel, Beate/Winteler, Adi/Weidenmann, Bernd: Die Erziehenden und Lehrenden. In: Krapp, Andreas/Weidenmann, Bernd (Hrsg.): Pädagogische Psychologie. Ein Lehrbuch. Beltz/PVU, Weinheim 2001, S. 271–355.

Riedel, Harald: Zum Verhältnis von Zielen, Gegenständen und Verfahren der Unterrichtsforschung. In: Unterrichtswissenschaft Nr. 4/1984, S. 367–386.

Robinsohn, Saul P.: Bildungsreform als Revision des Curriculums und Ein Strukturkonzept für Curriculumentwicklung. Luchterhand, Neuwied und Berlin 1969.

Roth, Leo: Empirische Forschungsmethoden. In: ders. (Hrsg.): Methoden erziehungswissenschaftlicher Forschung. Kohlhammer, Stuttgart/Berlin/Köln/Mainz 1978, S. 65–90.

Saxler, Josef: Physikunterricht unter dem Aspekt des entdeckenden Lernens. In: Twellmann, Walter (Hrsg.): Handbuch Schule und Unterricht. Band 5.2. Schule und Unterricht unter dem Aspekt der didaktischen Bereiche. Schwann, Düsseldorf 1981, S. 571–582.

Schnaitmann, Gerhard W.: Methodische Ansätze und praktische Beispiele bei der Erforschung von Lernprozessen. In: ders. (Hrsg.): Theorie und Praxis der Unterrichtsforschung. Auer, Donauwörth 1996, S. 17–40.

Schulz, Wolfgang: Unterricht – Analyse und Planung. In: Heimann, Paul/Otto, Gunter/Schulz, Wolfgang: Unterricht. Analyse und Planung. Hannover ^{3}1968, S. 13–47.

Schulze, Theodor: Aussichten für eine Theorie der Unterrichtsmethode. In: Adl-Amini, Bijan/Schulze, Theodor/Terhart, Ewald (Hrsg.): Unterrichtmethode in Theorie und Forschung. Bilanz und Perspektiven. Beltz, Weinheim und Basel 1993, S. 135–166.

Seel, Norbert: Psychologie des Lernens. Reinhardt, München und Basel 2000.

Steiner-Khamsi, Gita: Multikulturelle Bildungspolitik in der Postmoderne. Leske + Budrich, Opladen 1992.

Stichmann, Wilfried: Schulbiologie auf neuen Wegen. In: Twellmann, Walter (Hrsg.): Handbuch Schule und Unterricht. Band 5.2. Schule und Unterricht unter dem Aspekt der didaktischen Bereiche. Schwann, Düsseldorf 1981, S. 605–617.

Tenorth, Heinz-Elmar: Unterrichtsfächer – Möglichkeiten, Rahmen und Grenze. In: Goodson, Ivor F./Hopmann, Stefan/Riquarts, Kurt: Das Schulfach als Handlungsrahmen. Böhlau, Köln/Weimar/Wien 1999, S. 191–207.

Tenorth, Heinz-Elmar: Kanonprobleme und Lehrplangestaltung. Über das Ende des alteuropäischen Lehrplans und seine Ablösung durch den »Bildungsplan«. In: Keck, Rudolf W./Ritzi, Christian (Hrsg.): Geschichte und Gegenwart des Lehrplans. Schneider Hohengehren, Baltmannsweiler 2000, S. 365–376.

Terhart, Ewald: Kultureller Wandel und Fachunterricht. In: Keuffer, Josef/Meyer, Meinert A. (Hrsg.): Didaktik und Kultureller Wandel. Deutscher Studien Verlag, Weinheim 1997, S. 18–32.

Thorndike, Edward L.: The fundamentals of learning. Teachers College, New York 1932.

Twellmann, Walter (Hrsg.): Handbuch Schule und Unterricht. Band 5.1. Schule und Unterricht unter dem Aspekt der didaktischen Bereiche. Schwann, Düsseldorf 1981.

Ulich, Klaus: Sozialpsychologie der Schule. Beltz, Weinheim und Basel 2001.

Vorsmann, Norbert: Wege zur Unterrichtsbeobachtung und Unterrichtsforschung. Henn, Ratingen/Kastellaun/Düsseldorf 1972.

Waller, Willard W.: Einstellungen und Rollen in der Schulklasse. In: Plake, Klaus (Hrsg.): Klassiker der Erziehungssoziologie. Schwann, Düsseldorf 1987, S. 92–101.

Weinert, Franz E.: Lehrerkompetenz als Schlüssel der inneren Schulreform. In: schulreport 2/92, S. 24–27.

Weinert, Franz E./Helmke, Andreas: Bedingungsfaktoren schulischer Leistungen. In: Psychologie des Unterrichts und der Schule. Pädagogische Psychologie. Band 3, herausgegeben von Franz E. Weinert. Hogrefe, Göttingern/Bern/Toronto/Seattle 1997.

Weinert, Franz E./Helmke, Andreas: Entwicklung im Grundschulalter. Beltz/PVU, Weinheim 1997.

Weiß, Carl: Die Schule als soziales Gebilde (1929). In: Plake, Klaus (Hrsg.): Klassiker der Erziehungssoziologie. Schwann, Düsseldorf 1987, S. 83–91.

Weniger, Erich: Didaktik als Bildungslehre. Teil 1. Theorie der Bildungsinhalte und des Lehrplans. Beltz, Weinheim [5]1963.

Wiechmann, Jürgen: Unterrichtsmethoden. Vom Nutzen der Vielfalt. In: ders. (Hrsg.): Zwölf Unterrichtsmethoden. Beltz, Weinheim und Basel 1999, S. 9–19.

Wild, Elke: Lernen lernen: Wege zur Förderung der Bereitschaft und Fähigkeit zum selbstregulierten Lernen. In: Unterrichtswissenschaft 31. Jg. (2001), Heft 1, S. 2–37.

Willmann, Otto: Didaktik als Bildungslehre nach ihren Beziehungen zur Sozialforschung und zur Geschichte der Bildung. (1882/1888) Wien 1957.

Winkel, Rainer: Antinomische Pädagogik und kommunikative Didaktik. Schwann, Düsseldorf 1986.

Winkel, Rainer: Der gestörte Unterricht. Ferdinand Kamp, Bochum (1976) 1983.

Winkel, Rainer: Die kritisch-kommunikative Didaktik. In: Gudjons, Herbert/Teske, Rita/Winkel, Rainer (Hrsg.): Didaktische Theorien. Bergmann + Helbig, Hamburg [4]1987, S. 78–93.

Ziller, Tuiskon: Vorlesungen über Allgemeine Pädagogik. Im Auszuge, mit Einleitung und Anmerkungen von Direktor Fr. Förster, Leipzig und Berlin *o.J.*

Sach- und Personenregister